As kampvuur-as eers wegwaai...

Abel Botha

© Abel Botha 2014

As kampvuur-as eers wegwaai....

Uitgegee deur Abel Botha

Postnet Suite 459,

Privaatsak X4019,

Tzaneen, 0850

mwabelb@mweb.co.za

ISBN 978-0-620-63310-9

Alle regte voorbehou. Geen gedeelte van hierdie publikasie mag sonder verlof van die uitgewer gereproduseer of in enige vorm deur elektroniese of meganiese middel weergegee word nie, hetsy deur fotokopiëring, skrif of bandopname of deur ander stelsel vir inligtingsbewaring en -ontsluiting

Uitleg en publikasie fasilitering deur Boutique Books. Gedruk en gebind deur Interpak Books (Pty) Ltd, Pietermaritzburg.

Opgedra aan my Ouboet Gerhard en my Kleinboet Jopie

Ander boeke oor jag en die ver plekke deur die skrywer :

Toe ashope nog kampvure was

Op soek na nog óú Kampvure

Voorwoord:

Soos in my vorige boek **Toe ashope nog kampvure was,** is die stories in hierdie bundel almal ware stories wat ek altyd om die kampvure in my lewe vertel het.

Nou weet ons ook dat, as die ashope van hierdie kampvure eers weggewaai het, jy naderhand begin sukkel om al die stories so lekker te onthou. Daarom dat ek die stories hierin neerpen sodat hulle nie saam met die kampvure se as, vir ewig verlore sal raak nie.

Soos in die vorige boek, bestaan al die karakters in hierdie stories rêrig - ek vertel die stories net soos dit gebeur het en as iemand voel dat ek hom of haar te na gekom het in die boek, moes hy of sy dan miskien nie gedoen het wat hulle wel gedoen het nie! Ek vertel alles maar net soos wat dit was - dis nie my werk om namens iemand anders om verskoning te vra vir wat hulle gedoen het nie! Ek het genoeg van my eie sondes waarvoor ek pa moet staan.

Hierdie boek, die tweede in 'n trilogie van jag- en kampvuurboeke, maak geen aanspraak daarop om 'n literêre werk te wees nie: ek het nie probeer om 'n boek te skryf nie, ek vertel net stories om 'n kampvuur. Hierdie boek is maar net 'n plek om dit in te bêre.

Die stories in hierdie boek is 'n mengsel van jagstories en ander stories van ver plekke, en is nie in chronologiese volgorde nie. Ek vertel elke storie maar soos en wanneer dit in my gedagte terugspring. Ek wil hier net dankie sê vir Nic Fourie, wat spesiaal na my toe gery het om sy storie vir die vierde keer vir my te kom vertel - hy het die hooftrekke vir my gegee en ek het die storie rondom dit ingekleur en lyf gegee.

Party dinge wat in die boek beskryf word en wat vandag dalk onaanvaarbaar of selfs onwettig sou wees, is veertig tot vyftig jaar gelede bloot gesien is as dinge wat seuns nou maar eenmaal doen. Die sakie is dan sommer gou ter plaatse reggestel met 'n ordentlike pak slae - mits hulle natuurlik uitgevang was!

Ten slotte wil ek uitwys dat, oral waar ek in die boek van Suidwes of Suidwes Afrika praat, ek die land bedoel wat vandag as Namibië bekendstaan.

Abel Botha Tzaneen 2014

INHOUD

Wanneer seuns manne wil word   9

Die trip toe alles verkeerd geloop het   25

Springbokke en 'n maag uit die beskawing   49

Elandjag in Zimbabwe   65

Kan iemand tog verduidelik wat is etiese jag?   87

Tien Elande op Vrienden   97

Die dag toe Danwilh in die nes ingeloop het   105

Die pyp wat in die Kalahari weggeraak het   111

As die omurambas loop   121

Om kampvure in die Namib   133

Agter-die-berg 141

Twee seuns, 'n hond en 'n boog   151

Wanneer seuns manne wil word

As jy dertien jaar oud is en jou neef is sewentien, is hy jou held. Veral as jy op 'n plaas ver oos van Messina bly en op Messina uit die koshuis skoolgaan en hy in die H.F. Verwoerd skool in Pretoria is. Wanneer daardie selfde neef en 'n vriend nog boonop al die pad van Pretoria af, in twee dae se tyd, met fietse ry tot by julle op die plaas, is hy 'n MAN. En natuurlik, dan sal jy alles doen wat hy ook al sê om ook 'n man te word soos hy.

Dit is presies soos dit was met my vriend Nic Fourie. In Julie 1965 kom Nic se neef, Ferdinand Fourie, of sommer Ferdie, en sy vriend Beitel met fietse al die pad van Pretoria af om te kom kuier by Nic hulle op hulle plaas *Stoffel*. Maar hulle het skaars daar aangeland of Ferdie het al weer ander planne. Hulle gaan vir 'n hele week op sy oom, 'n Pretorius, se plaas wat so 7 of 8 kilometer suid van Pylkop af is, kamp. Pylkop is so 10 kilometer suid van Huntleigh. Maar rof, dis net vir MANNE! Maar wag, ek laat Nic liewer self die storie vertel:

Ons staan in my kamer, Ferdie, Beitel en ek, maar Ferdie is duidelik in beheer hier. Hy praat amper soos 'n generaal: "Nou reg, manne, hierdie storie is nie vir bybies nie - die ou wat nie wil saamgaan nie, moet nóú praat." Daar is stilte.

"Goed, Nic, gaan kry vir ons 'n sak." Ek draf stoor toe en vat een van die goiingsakke en draf terug. "Moet ek vir ons gaan mieliemeel en vleis haal?" vra ek.

"Nee!" skreeu Ferdie amper, "ons leef van die veld af! Jy kan net vir ons gaan vuurhoutjies kry, drie boksies. O, en jy kan vir ons sout bring, sommer growwe sout." Ek draf al weer, eers kombuis toe om vuurhoutjies te kry en dan pakkamer toe. Ek vat 'n ou koffieblik en skep dit vol growwe sout uit die soutsak. Dan draf ek weer terug.

Wanneer ek klaar rondgedraf het soos Ferdie my gestuur het, staan ons sak klaar gepak op die grond. In die goiingsak is daar die sout en vuurhoutjies, vir elkeen 'n groot blikbeker en ook vir elke ou 'n kombers. Daar is ook my pa se army waterbottel vol water. Ons het ook 'n baadjie vir elkeen, en natuurlik, elke boerseun het altyd 'n knipmes in sy sak. Dan sê Ferdie: "Nou nog net die geweer."

Ek gaan haal die ou .303 wat my pa gesê het ons mag saamvat - niemand skiet eintlik meer met hierdie geweer nie. Ek haal eers die magasyn uit en werk dan die slot heen en weer - dit werk darem nog. Dan haal ek die slot uit en kyk deur die loop - dit lyk nie juis baie goed nie, omdat niemand met dit skiet nie, word dit ook nie skoongemaak nie. Dit lyk effens geroes ook. Maar daar is nie nou tyd nie, die generaal wag! Ek druk die magasyn vol met tien van die skerp punt army patrone, sit dit terug in die geweer en vat nog 'n handvol patrone uit die kassie. Dan draf ek terug kamer toe.

"Druk dit in die sak in" sê Ferdie, "nee, met die loop ondertoe!"

Ek maak so. Nou is ons goed reg!

Die volgende dag, Vrydag, net na middagete, vat my ma ons met die bakkie na Messina stasie toe. Ons koop kaartjies tot op Pylkop stasie - die trein vertrek kwart oor drie. Wanneer my ma gery het, soek ons ons kompartement en sit ons goiingsak daarin neer. Ferdie kyk op sy horlosie, dit is twintig voor drie.

"Kom ons gaan drink elkeen 'n coke float," sê Ferdie, "ons gaan nie gou weer so iets kry nie."

Vir die jongmense wat nie coke float ken nie, dit is coke met roomys ingemeng, en ook roomys wat bo-op geskep word - daardie dae was dit dié drankie!

Ons loop oor die straat tot by die Limpopo Trading Store en gaan sit by 'n tafeltjie. Na 'n rukkie kom die tannie vra wat ons wil bestel.

"Drie coke floats asseblief," sê Ferdie. Dit vat 'n rukkie voor sy aankom met die coke floats. Ons drink stadig aan die coke floats - 'n man moet dit geniet terwyl jy kan. Ons gesels oor wat ons alles gaan doen, of liewer, Ferdie en Beitel gesels, ek luister net.

Skielik hoor ons die trein fluit! Ferdie kyk op sy horlosie - dis tien oor drie, die trein moes dan eers kwart oor drie ry! Ons los die kosbare coke floats net daar op die tafel en hardloop volspoed oor die straat stasie toe, net betyds om die trein te sien vertrek. Ons hardloop agter die trein aan, maar ons is nie vinnig genoeg nie. Daar gaan die trein! Wat nou? Al ons goed en die geweer is op die trein!

Ons loop terug stasie toe en gaan reguit na die stasiemeester se kantoor toe. Hy loer oor sy bril na ons: "Moes julle mannetjies nie op die trein gewees het nie?"

"Ja oom," sê Ferdie, "maar die trein het vir ons weggery!."

"Nou waar was julle dan?"

Ferdie verduidelik dat ons dors was en iets gaan drink het. Dan sê hy: "Oom, ons sak met ons geweer en al ons goed is op die trein, oom!"

Die stasiemeester loer weer oor sy bril na ons. Hy tel die telefoon op en vra vir die sentrale 'n nommer - seker iemand op Mopani stasie - dis net voor Huntleigh. Ons hoor hoe hy met iemand praat en vra dat hulle die goiingsak met die geweer op Pylkop stasie moet aflaai.

As hy die telefoon neersit, sê hy: "Oor 'n uur vertrek die goederetrein van hier af. Julle kan saam met hom ry en by Pylkop afklim - julle gaan sit nou op die perron en julle roer nie van daar af totdat julle kan opklim nie!"

"Dankie, oom!" sê ons al drie gelyk, baie verlig.

Pylkop is nie eintlik 'n stasie nie, dis meer wat die ou mense 'n "saaidieng" genoem het in Boere Afrikaans. So daar is nie voltydse personeel nie en die trein stop net daar as iemand vooraf reël om iets daar op of af te laai. Of dalk as drie seuns sonder bagasie daar wil afklim.

As ons daar afklim, is daar niemand in sig nie, maar tot ons verligting staan die goiingsak met die geweerkolf wat bo uitsteek, eensaam en alleen op die perron!

Gelukkig sê Ferdie vir Beitel om die sak te dra, en nie weer vir my nie! Ons begin loop, maar het seker nog nie eers halfpad plaas toe geloop nie, of die donker vang ons. Ferdie loop van die pad af tot teen die draad langs die treinspoor. "Ons slaap net hier!," sê hy, en ons maak 'n plek skoon vir 'n vuurtjie. Dit het sommer skielik koud geword, en ons sit teenaan die vuurtjie. Ek wil die kombers oor my skouer trek, maar as ek sien dat Ferdie fronsend vir my kyk, los ek dit maar - 'n *man* is nie 'n sissie wat met 'n kombers om hom sit nie!

Ons is honger, ons het eenuur laas geëet. Ons drink maar water uit die waterbottel om darem net iets in ons maag te kry. Wie weet wanneer ons weer gaan eet? As die vuur uitgebrand het, rol elkeen hom in sy kombers toe en ons slaap - maar dis maar 'n koue slaap op bitter harde grond. Eenkeer in die nag skrik ons vervaard wakker as die trein met 'n geraas hier teenaan ons verbygaan, maar na 'n rukkie slaap ons weer. Daar kom nie een kar verby nie.

Die volgende oggend vroeg, nog lank voor die son opkom, sit ons al om 'n vuurtjie - dis bitter koud. Wanneer dit lig genoeg is om die pad te sien, sê Ferdie: "Kom ons loop, dat ons kan warm word!" Ons loop met die pad langs en kom 'n uur na sonop by die plaasopstal aan. Ferdie stel ons voor aan sy oom en tannie. Die tannie sê dadelik dat ons koffie moet kom drink. My mond water sommer as ek dink aan koffie en lekker boerbeskuit.

"Nee, dankie, tannie," sê Ferdie, "ons wil sommer maar weer loop sodat ons by ons kampplek kan kom." My maag gee 'n draai van die honger, hierdie man-word storie is rêrig nie vir sissies nie!

"Wag net eers," sê die oom, "ek het vir julle 'n piekanien gereël wat die plaas ken en saam met julle sal gaan. Hy het sy kombers by hom sodat hy sommer daar by julle kan slaap. Julle kan hom hiernatoe stuur as daar moeilikheid is." Dan skreeu hy om die hoek van die huis: "Thomas! Thomas!"

Thomas kom om die hoek gehardloop met sy kombers onder sy arm. Hy lyk omtrent dieselfde ouderdom as ek, miskien dalk 'n jaar jonger. Hy lyk taamlik op sy senuwees totdat ek met hom begin Venda praat, dan ontdooi hy so effens. Dan loop hy voor ons uit om die pad na die windpomp te wys.

"Ons sal dadelik moet begin jag sodat ons iets kan kry om te eet," sê Beitel. Ek is darem nie al een wat honger is nie! Wanneer ons by die windpomp aankom waar ons gaan kamp, sit ons die goiingsak onder 'n mopanieboom neer en Ferdie haal die geweer uit. "Julle moet almal julle mae vol water drink, dit sal ook help teen die honger. Ons los die waterbottel hier."

Dan begin ons jag. Maar van die begin af wil die jagtery nie lekker werk nie. En dit is nie oor ons niks kry nie. Eers sien ons 'n rooibok ram wat met sy horings amper op sy rug aan 'n mopanieboom se blare staan en vreet. Of ten minste, die ander ouens sien seker 'n rooibok ram, ek sien 'n klomp rooibok tjops netjies verpak in 'n rooibok vel!

Ons bly agter en Ferdie kruip nader. Ons sien hoe hy die geweer oplig, aanlê, en skiet!

"Dis mis!" sê ek vir Beitel.

"Hoe weet jy?" vra Beitel.

"Daardie skoot het nie geklap op die bok nie," antwoord ek. Ons loop nader.

"Ek het baie mooi gekorrel," sê Ferdie, daar is fout met hierdie geweer!" Ons gaan kyk waar die bok gestaan het, dan vat Thomas die spoor. Dit lyk my hy maak nogal uit van spoorsny! Nadat ons 'n ver ent op die spoor geloop het en nog niks bloed gekry het, sê Thomas: "Jy het gemis - hierdie bok se spoor wys nie hy het seer nie!"

Ons is bekaf, maar jag maar weer verder. Maar ongelukkig gaan dit die res van die dag nie beter nie - ek skiet volgende, ook mis. Dan skiet Beitel, dieselfde storie. Ons maak naderhand met 'n klip 'n merk op 'n dik boom se stam om te sien of ons nie die geweer kan stel nie, maar dit skiet so bont dat ons nie rêrig na enige kant toe kan stel nie. Geen wonder niemand skiet meer daarmee op die plaas nie! Miskien is die loop te geroes, of die loop is uitgeskiet of iets, ons kan nie agterkom nie.

Laatmiddag sit daar vier honger, moedelose jagters om 'n vuurtjie. So deur die loop van die dag het die 303 se benaming verander van "ons geweer" na "die bleddie 303."

Dan begin Thomas huil - van die honger. Die Venda piekaniens kry gewoonlik net in die aand kos - partykeer kry hulle darem elfuur 'n sny brood as hulle op die werf werk of die ma gee koue pap saam as hulle in die veld werk, maar hy was mos nou nie daar nie so hy het ook gisteraand laas geëet. Ek sien dat Ferdie hom eers half vererg, dan sê hy: "Goed, Thomas, jy kan vir jou gaan pap haal by die huis - maar jy kom dadelik terug!" As Thomas geloop het, kyk hy vir my en Beitel streng aan en sê:

"Nie een van óns mag pap eet nie - onthou, ons leef van die veld af!"

Terwyl Thomas weg is, loop daar 'n koei met 'n vol uier in die kraal in. Toe sy klaar water gedrink het, keer ons haar in die drukgang in en druk 'n paal agter haar in - dwars deur die regop pale van die drukgang. "Gaan haal ons bekers!," stuur Ferdie my al weer. Maar ek hardloop sommer met groot plesier sak toe om ons bekers te kry - gelukkig het ons ekstra groot bekers. Wanneer Ferdie begin om die koei te melk in Beitel se beker, kom Thomas al etende daar aan met 'n skotteltjie pap - hy lyk sommer heelwat beter as toe hy hier weg is. As Beitel se beker vol melk is, gaan hou ek my beker en Ferdie melk dit vol. Ek vat 'n paar slukke van die lou melk - dit smaak heerlik vir 'n honger man!

Ferdie sien Thomas het teruggekom. "Thomas," roep hy, "kom melk jy my beker vol!." Hy kom vat sy beker en hou dit onder die koei terwyl Thomas melk. Dis die kans waarop ek gewag het! Ek breek 'n groot stuk van Thomas se pap af en sit dit in my beker onder die melk.

Wanneer Ferdie terugkom met sy beker melk, kyk hy agterdogtig na my: "Hoekom roer jy die melk met jou knipmes?"

"Die melk smaak baie lekkerder as jy dit roer," sê ek en hou aan om die pap fyn te sny onder die melk in die beker sodat ek dit kan sluk sonder dat hulle sien ek kou. Ferdie vertrou nie die vrede nie en loer in my beker - ek hou dit na hom toe, hy sien net die melk, die pap is weggesteek onder die melk!

Wanneer Thomas terugkom by sy pap en ek sien hy wil sy mond oopmaak om iets te sê oor die stuk pap wat verdwyn het, maak ek hom baie gou stil met 'n dreigement - gelukkig verstaan die ander twee nie Venda nie!

Nadat ons 'n ruk lank om 'n vuurtjie gesit en gesels het, vou ons ons komberse oop om te gaan slaap. Ek soek 'n sanderige kol uit, meet waar my heupbeen omtrent gaan lê, en maak 'n effense holte op daardie plek. Vanaand gaan ek nie weer so hard slaap nie! Na die pap en melk voel ek vanaand stukke beter as gisteraand. Voordat ek aan die slaap raak, dink ek nog by myself - om 'n man te word, moet jy nie net "taf" wees nie, partykeer moet jy jou verstand én jou kanse ook gebruik!

Die volgende oggend is ons half traag om te gaan jag, want alhoewel ons al klaar weer honger is (die ander twee seker hongerder as ek!), voel ons half dat dit nie rêrig gaan help om weer te gaan jag met "die bleddie 303" wat nie wil raakskiet nie. Ons sit nog tot na sonop by die vuurtjie, en gelukkig ook. Want net toe ons wou opstaan om weer te gaan jag, loop daar 'n paar boerbokke in die kraal in.

"Het jou oom boerbokke op die plaas?" vra Beitel.

"Nie waarvan ek weet nie," antwoord Ferdie. Ek vra vir Thomas of die oubaas boerbokke aanhou. Hy sê die oubaas het nie bokke nie, miskien is dit 'n buurman s'n.

Ons maak die hek van die kraal toe. Dis vier uitgehongerde jong manne wat 'n jong boerbok kapater vaskeer en keel afsny. Ons hang dit aan die agterpote aan 'n mopanieboom op en slag dit af. Dit is vier baie opgewekte en mens kan amper sê "dikgevrete" jongmanne wat 'n uur en 'n half later elkeen 'n koelteboom opsoek om bietjie te rus! Die res van die boerbok hang, boude en blaaie gesny, in die diep koelte van 'n digte deurmekaarbos.

Tweeuur loop ons agter Thomas aan van die windpomp af weg. Hy wil vir ons iets gaan wys. Ons loop ver - naderhand sien ons 'n koppie voor ons. Thomas pyl reg op die koppie af. Dis 'n sandsteen koppie. Wanneer ons by die koppie kom, sien ons iets wat soos 'n voetpaadjie lyk teen die koppie uit.

Maar dit ís mos 'n voetpaadjie! Ons is verwonderd - hoeveel honderde mense moes hier uitgeloop het om 'n voetpaadjie in sandsteen te kan uittrap? Ons loop met die paadjie op tot bo-op die koppie. Hier word ons nog verder stomgeslaan. Dit is duidelik dat hier iets soos miskien 'n smeltery was - daar is holtes in die sandsteen, met voortjies wat verskillende holtes verbind, asof daar gesmelte metaal van die een holte na die ander holte gevloei het - was dit dalk goud? Ek het eenkeer by iemand gehoor dat daar iewers hier agter die berg lank gelede goud gesmelt is deur vorige inwoners. Dit moes honderde jare gelede gewees het, miskien selfs duisende jare. Ons verken die hele koppie, elkeen van ons verwag enige oomblik om iewers 'n stukkie goud te sien lê.

Ons kom skemer eers weer by die windpomp aan en begin dadelik weer vuur maak. Ons het nog nie vergeet hoe dit voel om rêrig honger te wees nie! Wanneer die rooiboskole lekker warm is, braai ons 'n ribbetjie net so in die kole. Ons moet dit vinnig omdraai en kort-kort wegvat van die kole af, want die vet wat afdrup maak gou vlamme onder die ribbetjie. Thomas gaan haal weer vir hom pap by sy huis want hy is nie gewoond aan nét vleis eet nie, maar vanaand kan hy maar sy pap alleen opeet!

Die volgende paar dae verken ons die plaas rustig op ons tyd - die honger is mos afgeweer!

Woensdagaand, nadat ons geëet het, sê Ferdie: "Vanaand gaan ons iets anders probeer - vanaand gaan ons die wild by daardie ander krip voorsit!" Tydens ons verkenningstogte was ons by al die ander krippe op die plaas. Die krip waarvan Ferdie praat, is omtrent so 800m vanaf die windpomp waar ons kamp, en omdat die maan omtrent half is, sal ons maklik in die donker soontoe en terug kan loop.

Ons bind 'n sakdoek om die voorpunt van die .303 se loop, wat ons wil gebruik om mee te korrel in die maanlig. Na 'n week in die veld, is die sakdoek nie meer heeltemal so wit as wat ons dit graag sou wou gehad het nie, maar ons sal dit darem seker kan sien in die maanlig.

Ons soek 'n bos windaf van die windpomp en kruip onder dit in. Ferdie sit met die geweer. Nou vir die lang wag! Ek sukkel om al die gape te keer - ek is lekker vaak! My oë wil-wil half toe val, maar Ferdie loer kort-kort vir my in die helder maanlig - 'n *man* moet kan uithou!

Ek moes aan die slaap geraak het, al het ek hoe hard probeer om nie te slaap nie. Maar ek is onmiddelik wakker as Ferdie aan my arm vat. Ek hoor iets by die krip. Dis 'n trop koedoes! Ek sien hoe Ferdie die geweer stadig optel - dan gaan die skoot donderend af! Ons hoor net koedoes hardloop - een koei spring amper bo-oor die bossie waaronder ons sit.

Ek kon nie die skoot hoor klap op 'n koedoe nie, maar mens hoor nie altyd die skoot klap as jy baie naby is nie. Ons soek wyd om die krip in die maanlig, maar ons sien nêrens 'n koedoe lê nie. Later loop ons maar windpomp toe.

Donderdagoggend loop ons weer na die krip toe waar ons die vorige aand die koedoes gekry het. Thomas vat elke wegspringspoor wat ons kan onderskei, en volg dit vir 'n hele ent. Maar nie een van hierdie spore wys dat 'n koedoe raakgeskiet is nie. Toe ons naderhand besef dat Ferdie se skoot al weer mis was, loop ons teleurgesteld verder.

Ons raak bekommerd, ons vleis raak min en die probleem is, die stuk wat nog oor is begin al effens stink ruik. Ons het die laaste stuk boudvleis van die been afgesny en die been, wat gewoonlik eerste begin stink, weggegooi en die stuk vleis skoon gesny en oopgesny en in die bos opgehang, sodat dit dalk beter kan ruik as ons dit wil braai.

Toe ons Donderdagaand terugkom by die windpomp, is ons moeg en effens moedeloos - ons kon weer niks doodkry nie. Ons maak vuur om ons laaste vleis te braai. Die stuk boudvleis het so 'n effense "klankie," maar dit ruik heelwat beter as toe die been nog in was. Ons maak dit gaar op spitte en eet smaaklik daaraan.

Vrydag begin ons weer ernstig jag - maar dit gaan maar soos op die vorige dae, waar almal mis skiet. Toe dit weer my beurt is om te skiet, skiet ek 'n steenbok raak, maar ek kan nie mooi sien waar ek dit raakgeskiet het nie. Thomas vat die spoor. Ons kry sommer baie respek vir hom, want op klipperige plekke waar ons die spoor heeltemal verloor, soek hy tot hy weer effense merkies sien wat ons nie kan sien nie en volg dit dan verder.

Ons loop omtrent drie kilometer op die spoor totdat ons die steenbokkie onder 'n bos sien lê. Ons bekruip die bos windop, 'n paar tree van mekaar af, om die steenbok in 'n halfmaanvorm te probeer vaskeer. Wanneer ons naby kom, sien ek dat ek hom skrams deur die oog geskiet het. As Ferdie skreeu "Nou!," storm ons van vier kante op die steenbok af, maar hy spring tussen ons deur sonder dat iemand raak gryp!

Ons vat weer die spoor, maar na 'n rukkie het Thomas ook die spoor verloor en loop ons maar bekaf terug windpomp toe.

Vrydagaand is weer 'n hongerly aand - ons het al amper vergeet van die kos wat ons geëet het! Ek kan nie eers weer skelm van Thomas se pap vat nie, want Ferdie hou my soos 'n valk dop.

Saterdagoggend pak ons vroeg op en loop opstal toe - ons moet later vandag weer op Pylkop stasie op die trein klim. Ons is doodhonger. Langs die pad groet ons vir Thomas, wat afdraai na sy huis toe. Dan, wanneer ons naby die huis kom, begin my mond vanself water vir die heerlike geur van spek en eiers wat uit die kombuis kom. Ferdie moet nou net nie weer weier om ontbyt te eet nie!

As die honde begin blaf, kom die oom uit.

"Julle is net betyds vir brekfis!."

Ferdie wil nog probeer weier, maar die oom maak hom sommer dadelik stil. Ek dog ek soen die oom van blydskap!

Die tannie is besig om tafel te dek as ons inkom. Sy sit nog drie borde by, en skep sommer vir ons elkeen twee eiers, 'n stukkie spek en 'n sny brood in. Ek kan amper nie wag totdat die oom klaar gebid het voordat ek begin eet nie. Ek verslind amper die kos en moet kort-kort vir myself sê: "stadig, stadig!"

Wanneer ons klaar is met wat op die bord is, sê die tannie: "Kom, daar is nog baie, skep nog!" Wanneer ek my hand uitsteek om nog te vat, kyk ek op na Ferdie. Sy oë is sommer baie kwaai en hy frons erg vir my!

Terwyl ek agter op die bakkie sit as die oom ons Pylkop stasie toe vat, dink ek by myself: daardie "Nee dankie, tannie, ek is versadig," was seker die moeilikste lieg wat ek nog ooit in my lewe moes lieg!

Die trip toe alles verkeerd geloop het

Mens kry partykeer dae waarin alles verkeerd loop - jou dag begin verkeerd en dan is dit heeldag maar 'n gefoeter om enigiets reg te laat werk. Die lollery kom wanneer dit 'n hele drie weke trip is waar alles wat kan verkeerd loop, wel deeglik skeefloop - selfs heelwat erger as wat ene meneer Murphy in sy "wette" voorspel het.

Dit was in die tyd toe ek nog jonk en ongetroud was - ek was nooit jonk *en mooi* soos die ander ouens nie - en ek vir die Hidrologie afdeling van Waterwese in die destydse Suidwes-Afrika gewerk het. Ons veldwerk is gedoen in verskillende ritte, wat ons natuurlik sommer "trips" genoem het in Boere Afrikaans, enigiets van twee- tot ses weke lank na die verskillende dele van Suidwes. Ons het die hele Suidwes verdeel in verskillende areas, en die ritte was dan gedefinieer as Trips A tot J, met elke area se Hidrologiese meetstasies wat dan besoek en gediens moes word - of soms nuwe meetstasies wat opgesit moes word.

Ons voertuie was gewoonlik Ford F250 4x4 bakkies, later ook Chev 4x4's, toegerus met tralies agterop waarop dan al die toerusting, slaapgoed en kos opgelaai is vir die twee tot ses weke trip. Wanneer ons verafgeleë plekke besoek het, was die reël dat daar ten minste twee voertuie moes gaan waarvan een met 'n radiospoor radio toegerus moes wees. Wanneer daar nuwe installasies gedoen moes word, was een van die twee voertuie gewoonlik 'n vragmotor waarop al die nuwe toerusting, sweismasjiene, gasbottels en 'n aantal 20 liter plastiek waterkanne (vir watermonsters) gelaai is.

Die trip waaroor hierdie storie gaan, was na die Kavango en Caprivi - 'n drie weke trip. Ons moes, behalwe die normale instandhouding, ook twee nuwe weerstasies vir die Weerburo se mense gaan opsit - dit het bestaan uit groot verdampingspanne, registreerder tipe reënmeters, sonligmeters en windmeters - alles toerusting wat baie plek vat. Ook 'n klomp meetplate en van ons eie registreerders wat ons moes gaan opsit.

Die tyd waarin hierdie trip gedoen is, was 1978, toe die bosoorlog in die noordelike gedeeltes van Suidwes in volle swang was. Die tyd toe al die jongmanne in Suid-Afrika en Suidwes opgeroep is vir kampe - tot drie maande lank, en in hierdie noordelike gebiede gestasioneer was. Hulle werk was om teen die terroriste wat hierdie gebiede infiltreer het, te veg, en al hierdie weermaglede het dan "danger pay" gekry. Ons outjies van Hidrologie, wat in dieselfde gebiede moes werk, kon glad nie aanspraak maak op "danger pay" nie!

Ons vertrek op Maandag, 14 Augustus 1978 vanaf Windhoek - ek en die destydse hoof van die Hidrologie veldwerk afdeling, Rainer Iben. Ek en hy ry met sy Ford F250, en die twee Ovambo's, Bennie en David, ry met 'n Mercedes vragmotor. Albei voertuie is propvol gelaai met toerusting, en ons sleep Hidrologie se boot (ook gelykvol gelaai met goed) agter die F250. Die Ovambo's ry vooruit met die vragmotor.

Die eerste moeilikheid kom sommer gou. So 250km vanaf Windhoek, net voor Otjiwarongo, sien ek en Iben die Mercedes vragmotor staan met 'n oop enjinkap.

"Wass ist loss?" vra Iben al voor ons nog stilgehou het.

"Auk, die fan het die radiator moertoe geslaan!," antwoord Elias, die drywer, in sy beste Afrikaans. Ons loer onder die enjinkap in - ja, ons kon dit eintlik self nie beter uitgedruk het nie - nie eers in Duits nie: die verkoeler is inderdaad in sy peetjie in. Die waaier het op een of ander manier gebreek en 'n ronde gemors in die verkoeler gebreek-slaan.

Ek en Iben ry die 8km na die administrasie werkswinkel op Otjiwarongo. "Ja, sê die voorman, ons sal die vragmotor insleep, maar ons het nie 'n verkoeler en waaier vir 'n 911 Mercedes trok nie - sal probeer om van Windhoek af te kry." 'n Rukkie later hoor ons dat Windhoek ook nie onderdele het nie.

Maar 'n Suidwester kan planne maak, en 'n Suidwes werktuigkundige kan slim planne maak: daar staan toevallig 'n 912 Mercedes trok in die werkswinkel wat wag vir onderdele, en die werktuigkundige bou hierdie vragmotor se verkoeler en waaier uit en bou dit, met bietjie modifikasies, in ons vragmotor in. Laatmiddag kry hulle klaar. "Dis sleg," sê Iben, "maar dit kon erger gewees het, kom ons wees bly dit het nie daar doer in die bos by Kongola gebeur waar ons ver van alles af is nie!" Ons sou later hierdie woorde onthou...

Ons slaap die aand in Otjiwarongo en die volgende dag vroeg vertrek ons en ry tot op Rundu, waar ons die aand in Waterwese se werkswinkel slaap. Die volgende dag, op Divundu, waar jy oor die Okavango rivier in Wes-Caprivi inry, kry ons weer probleme. Die Ford se een klamp wat die bladvere bymekaar hou, het losgekom en moet eers herstel word. Gelukkig neem dit darem nie te veel tyd in beslag nie en kan ons redelik gou verder ry tot op Kongola, by die Kwando rivier wat die grens tussen Oos- en Wes Caprivi vorm. Ek en Iben het vooruit gery om solank kamp te maak, en wag nou op die Mercedes om aan te kom. Net as ons erg onrustig begin raak, verskyn die Mercedes om die draai - maar dit klink behoorlik siek.

"Auk, ek dink die radiator hy is weer moertoe!," is Elias se eerste woorde. Wat nou? Ons loer onder die enjinkap in en kry onmiddelik Déjà Vu oor wat ons daar sien - dit lyk presies net soos toe ons voor Otjiwarongo daar ingeloer het. En ek kan nie help om te dink oor Iben se woorde wat hy daar uitgespreek het nie - dat ons gelukkig kon wees dat dit nie op Kongola gebeur het nie - nou het dit!.

Ons probeer om kontak te maak met die radio sodat ons dalk 'n werktuigkundige in Katima kan kontak, maar kry geen ontvangs van enigiemand nie. Dis te ver van alles af. Selfs as ons later 'n draad aan die antenna vasmaak en hoog oor 'n boom gooi, kan niemand ons hoor nie.

Nie ek of Iben is juis wat wonders meganies aangelê nie, maar nou *moet* ons 'n plan maak, buig of bars. Ons bekyk die skade van naderby: dit lyk darem of dit nie heeltemal so ernstig is as die eerste keer nie, die waaier is ten minste minder erg beskadig as die vorige keer. Die probleem, so lyk dit, is dat die waaier te naby aan die verkoeler is - seker omdat dit 'n ander model Mercedes se verkoeler is, en die sinkplaatpad het veroorsaak dat die waaier die verkoeler gevang het.

Ons bou die waaier en die verkoeler uit - die waaier kan ons darem met 'n hamer op 'n manier slaan dat hy weer min of meer soos 'n waaier lyk, maar wat van die verkoeler? Ons bekyk dit van naderby: 'n hele paar van die vertikale pypies is afgeslaan en ander beskadig sodat 'n hele klomp pypies lek. Ons sal dit maar moet probeer regmaak sodat dit ten minste nie lek nie. Met Iben se langbek tangetjie buig ons elke pypie wat af is of beskadig is, om en knyp dit styf toe. Dan gooi ons twee hande vol koekmeel, wat die naaste aan 'n seëlmiddel is wat ons beskikbaar het, in die verkoeler en ons hoop dat dit die klein lekplekkies sal seël as dit warm word. As ons al die pypies toegebuig het, lek dit nie juis as ons dit vol water gooi nie, maar wat sal gebeur as dit onder druk kom as hulle ry? Dit lyk vir ons asof daar darem genoeg pypies langs die kante is wat heel is sodat die verkoeler darem nog redelik sal kan werk - as daar nie te veel water uitlek nie en as die waaier nie weer die verkoeler vang nie.

    Ons besluit dat ons nie 'n kans kan waag dat die waaier weer vang nie - wat van as ons die verkoeler se "brackets" omdraai? Ons doen dit en sit die verkoeler terug - ja, nou is dit omtrent een en 'n half sentimeter verder weg van die waaier as wat dit was! Ons laat Elias en Bennie al twintig plastiek waterkanne vol water maak en die volgende oggend vroeg val hulle in die pad.

    "Julle moet stadig ry en die hittemeter baie goed dophou, as die naald begin styg, moet julle weer water ingooi," is Iben se laaste opdrag as hulle ry.

Ek en Iben slaan kamp af en pak alles op die bakkie en ry 'n rukkie later ook van Kongola af weg. Ons is bekommerd oor die Mercedes, maar dis ons wat die volgende probleem optel. So halfpad tussen Kongola en Katima, slaan Iben skielik die remme aan dat die klippe so spat en gee 'n pragtige Duitse kragwoord.

"Die boot het afgehaak!" skreeu hy. Ek word onmiddelik yskoud, want ek dink aan die vorige keer toe ek ook die boot so verloor het teen 110 km/h, op die sinkplaatpad in die Wes Caprivi, en dit eers 'n paar kilometer later agtergekom het. Ek kon die boot nie mooi sien in die spieëltjie van die platbak Chev waarmee ek toe gery het nie. Ek onthou baie helder daardie stres van die terugry om die boot te soek en jy weet nie deur hoeveel hutte dit dalk gehardloop het en hoeveel mense dalk dood is nie!

Gelukkig het Iben hierdie keer feitlik dadelik gesien toe die boot afhaak en ons kry dit 'n paar honderd meter terug. Daar is geen skade aan die glasvesel boot nie. Ons bekyk die haak - die boute van die sleephaak het losgekom op die sinkplaatpad. Ons bind die boot se sleepstang met draad aan die Ford se sleepbuffer vas en ry stadig tot op Katima.

Net buite Katima wag die Mercedes trok vir ons. Hulle het sowaar gery sonder dat die hittemeter enigsins gestyg het en het glad nie nodig gehad om nog water in te gooi nie! Ek en Iben is hoogs in ons noppies oor ons suksesvolle "bos-mechanic" werk!

Nadat ons die vragmotor by die werkswinkel op Katima gelos het, ry ons al vier met die bakkie na Wolfie Wolfaardt se huis op die wal van die Zambezi rivier om ons slaapgoed te gaan aflaai. Dis waar ons gewoonlik oorbly as ons op Katima werk. Voor die huis is so 'n soort van 'n oop "somershuisie" met so 750mm hoë mopanie paaltjies as muurtjies en dan 'n grasdak bo-oor, waar Elias en Bennie hulle kampbedjies opslaan. Ek en Iben sal by Wolfie in die huis slaap.

Wolfie is die hoof werktuigkundige van die departement van Landbou op Caprivi. Hy herstel eerste ons Ford se sleephaak in die werkswinkel, en bestel dadelik 'n nuwe verkoeler en waaier vir die Mercedes. Aangesien dit natuurlik 'n hele paar dae sal neem om te arriveer, sal ons maar elke keer die nuwe toerusting met die bakkie kom haal en installeer, en dan weer terugkom om die volgende klomp te kry.

Die volgende dag, Vrydag, ry ons uit na Liambezi meer waar ons met behulp van die boot meetplate in die meer inslaan. Dan ry ons na Ngoma-gate waar ons die watervlak registreerder, wat stukkend is, moet vervang met 'n nuwe. Maar dan is daar al weer 'n probleem - die "punch-tape" tipe registreerder werk op 'n beginsel van gaatjies wat in 'n lang papierband gepons word. Nuwe registreerders word altyd vir 'n tyd lank in Windhoek getoets voordat hulle uitgaan veld toe. Hierdie nuwe registreerder het, waarskynlik as gevolg van die rond-skud op die slegte paaie, so deurtrek geraak van die klein papier "ponsies" (wat tydens die toetsperiode gepons is) dat dit totaal vassteek en glad nie wil werk nie. Ons sal dit heeltemal uitmekaar moet haal en skoonmaak. Dan sien ons dat die dobber ook lek en vol water is, en nie meer sal kan werk nie. So moet ons maar terug na Katima, waar Wolfie die volgende dag die dobber herstel en dit ons die res van die Saterdag neem om die registreerder uitmekaar te haal en skoon te maak.

Sondag ry ons met die boot oor na Hippo Island toe wat net oorkant Katima in die Zambezirivier is. Die kos ons drie keer se ry met die boot om ons en die vyf weermag diensplig outjies, wat saam met Wolfie in die werkswinkel werk, en die braaier en ander goed op die eiland te kry. Die meisie wat saam is ('n vriendin van Wolfie), se klein hondjie word heeltemal vreesbevange vir die sand wat so tjie-tjie-tjie maak as hy loop. Hy gaan lê uiteindelik in die enigste skadukolletjie op die eiland - die piramiede wat die weermag outjies se gewere vorm wat hulle regop teenmekaar staangemaak het, met hulle hemde daaroor gegooi. Van daar het hy nie geroer totdat ons weer terug is met die boot nie!

Maandagoggend ry ons uit na Sibinda en Lianshulu. Aangesien ons die pad nie ken nie, en ook nie genoeg plek op die bakkie het vir al die toerusting nie, ry ons agter oom Odie Odendaal van Waterwese aan, wat vir ons die pad gaan wys en van ons toerusting op sy bakkie gelaai het. Hy gaan ook die registreerders vir ons bedien en in stand hou en ons moet hom wys hoe. Op Sibinda het ons eers weer 'n probleem - die Ford se uitlaatpyp se "bracket" het gebreek en, nadat ons die werk op Sibinda klaar gemaak het en vir oom Odie gewys het hoe hy die meter moet diens, draai ons die uitlaapyp met 'n stuk draad vas en vertrek na Lianshulu.

Die tweespoor paadjie gaan deur mopanieveld. Dit is hoë mopanies in 'n baie digte stand. Die pad loop feitlik reguit suid, en soos ons verder en verder ry, sien ons ver voor ons 'n veldbrand wat van wes na oos brand en dalk ons pad gaan afsny. Iben, wat bestuur, begin al hoe meer op sy sitplek rondskuif en sê kort-kort: "Ons moet omdraai, daardie brand gaan ons vaskeer!" Maar oom Odie ry, hy steur hom blykbaar nie aan die veldbrand nie!

Iben vertel: "Ek moes as klein seuntjie op die plaas eendag alleen by die huis bly tydens 'n veldbrand - al die grootmense het gaan vuur slaan.

Ek onthou nog hoe die vlamme amper tot teen die huis gekom het sodat ek naderhand doodbang was - ek het vir baie jare daarna nog nagmerries gekry van daardie veldbrand. Van toe af is ek baie bang vir veldbrande."

Nog 'n rukkie later sê Iben baie beslis: "Nee, oom Odie kan nou maar in sy malle verstand in ry, ek draai nou om!," en hy voeg daad by die woord. Wanneer ons draai, sien ek dat oom Odie ook omdraai, die vlamme is nou baie naby aan hom!

Dis wanneer die Ford se neus weer in 'n noordelike rigting in die tweespoor paadjie indraai, dat ons skielik yskoud word: die vlamme het ver agter ons oor die paadjie gebrand! Ons is vasgekeer! Daar is geen manier om deur die digte mopaniebome deur die veld te kan ry nie.

Ons ry 'n hele ent terug in 'n noordelike rigting en sien dan dat die vlamme nou te naby kom. Ons stop, met oom Odie kort agter ons, en steek die veld suid van ons oor 'n breë strook aan die brand om 'n voorbrand te maak waar ons sal kan skuil. Dan klim ons haastig in die bakkies en ry weer noord, na die vlamme se kant toe, om die voorbrand kans te gee om uit te brand. Die windrigting is nie heeltemal reg vir 'n voorbrand nie - as dit net effens draai gaan ons eie voorbrand ons doodbrand! Dan, wonderlike genade: iets wat ons nie eers opgemerk het toe ons netnou daar gery het nie - 'n smal strook veld wat reeds 'n dag of drie tevore oor die paadjie gebrand het! Ons ry tot min of meer in die middel van hierdie strook en stop.

Dit is werklik 'n indrukwekkende maar vreesaanjaende gesig om te aanskou: om in so 'n klein kolletjie swartgebrande veld te staan met 4 to 5 meter hoë vlamme reg rondom jou! Die vlamme knetter woedend rondom ons en die hitte laat die sweet van ons gesigte afstroom.

Na ongeveer 'n driekwart uur is die vlamme verby ons en die paadjie is oop na die suide toe. Ons ry weer agter oom Odie aan - hy 'n hele entjie voor ons. Naby die Linyanti rivier swaai die paadjie wes langs die rivier af en wanneer ons om 'n bos ry, kom hier skielik 'n Jeep met 'n stink spoed van voor af mens kan maar sê aangevlieg, reguit op ons af! Op die nippertjie swaai dit uit, ry oor 'n paar klein mopanieboompies en kom dertig tree verder tot stilstand.

Die drywer van die Jeep is min gesteurd deur die feit dat hy ons amper doodgery het, en kom stel homself voor. "Ek is Sampie Liversage," sê hy, en kyk om na die Jeep wat 'n ent weg tussen die bosse staan. "Die Jeep het nie brieke nie!." Asof ons dit nie opgemerk het nie!

Sampie is 'n Professionele Jagter wat 'n jagkonsessie in daardie gebied het. (Later uitgevind hy is familie van die Osmerse en ook van Tzaneen af). Hy stel ons voor aan sy Italiaanse kliënt. "Het julle nie die groot trop buffels gesien nie?," is sy eerste woorde ná die voorstellery.

"Nee," antwoord Iben - "net vuur!." Ons groet en ry verder. As ek terugkyk, sien ek dat Sampie besig is om die kliënt sy geweer te laat instel. Is dit nie bietjie laat nie - hulle het dan reeds begin jag?.

Ons gaan vanaand in 'n nuwe huisie van mopaniepale en dekgras wat die weermagmanne van Burgersake se natuurbewaring afdeling hier opgerig het, slaap. Dis 'n pragtige plekkie op die wal van die Linyanti rivier en ons is die eerste persone wat in die huisie sal slaap. Ons kap meetplate in die rivieroewer in en kalibreer dit met die nivelleerder. Oom Odie sal dit van tyd tot tyd kom lees.

Dis verskriklik warm vir Augustusmaand en ons loer verlangend na die Linyanti se koel waters. Maar die seekoeie is baie naby aan die wal, seker 20 meter - en daar is klein kalfies by wat maak dat hulle ons aanmekaar waarsku om weg te bly. Ek weet so 'n seekoeikoei met klein kalfies is bitter gevaarlik, maar sjoe, dis warm!

"Ek gaan induik" sê ek vir Iben.

"Jy's mal!," sê hy op sy diplomatiese Duitse manier.

Ek trek my hemp uit en gaan staan so tien tree weg van die oewer. Dan hardloop ek volspoed water toe en ek duik! Maar die banggeit vir die seekoeie laat my sommer in die lug al omdraai wal se kant toe! Ek haal darem die wal voor die seekoei mammas. So ja, nou voel ek beter!

Na 'n nag vol seekoeigeraas, val ons die volgende oggend weer in die pad terug Katima toe. Ek bestuur vandag, die lang reguit paadjie deur die mopanies. Groot dele het afgebrand, en hier en daar is daar nog vlamme in party van die stompe. Dan ry ons deur 'n groot kol gras wat nie gebrand het nie. Daar is klein vlamme in die gras, maar dit lyk nie gevaarlik nie. Iben is glad nie gelukkig dat ons daar deur ry nie, en skuif al weer rond op sy sitplek.

Die volgende oomblik staan 'n windjie van nêrens af op en blaas daardie klein vlammetjies hoër as die bakkie se dak! Daar is oombliklik 'n vlammesee reg langs Iben se venster. Iben slaan sy twee hande op sy bene. "Ry!, ry!" skreeu hy.

Ek druk die Ford se neus in die mopanies in, wat genadiglik hier nie baie dik stamme het nie, kap in dieselfde oomblik die Ford in donkierat, en ploeg 'n pad deur die dik sand en jong mopanies. Ek swenk tussen dik stamme deur, ry oor dunnes en kom met 'n boog weer in die tweespoor paadjie in op 'n plek waar dit nie meer brand nie. Iben praat "Hoch-Deutsch" met my, maar ons is albei te verlig en deur die weer geskrik om sy gepratery te ernstig op te neem.

Ons ry weer by Sibinda aan om die meters te kalibreer. Iben kry weer 'n ongeluk en breek een van Landbou se termometers. Ons hoop dit is die laaste ding wat vandag kan skeefloop! Min weet ons.....

Ons kom laat op Katima aan, en nadat ons afgelaai en kos gemaak het en bietjie saam met Wolfie gekuier het, kom ons eers 12 uur in die kooi. Ons is pootuit en slaap gou vas.

'n Bietjie meer as 'n uur later droom ek dat Wolfie met swaar stewels bo-op die sinkdak spring. Ek word wakker as Iben my aan die skouer skud: "Word wakker, hulle skiet!" Dit neem net 'n paar sekondes vir my brein om te interpreteer dat die "hulle" waarskynlik terroriste is en die "skiet" definitief bomme is! Ons hardloop buite toe om te sien wat aangaan, ek kaalvoet met 'n PT broek aan, Iben het darem sy slip-slop plakkies ook aan. Buite kry ons vir Wolfie ook staan.

"Waar is jou bomskuiling?" skreeu Iben om sy stem bokant die geraas hoorbaar te maak.

"Sorry," sê Wolfie, "julle het ongelukkig die enigste huis in Katima sonder 'n bomskuiling gekies om in te slaap!"

Iben kyk sprakeloos na Wolfie, maar ons kan darem dadelik drie dinge waarneem: Eerstens dat dit 'n Russiese "rooi-oog" (ook genoem Stalin orrel) is wat skiet, tweedens dat dit vanaf 'n afstand van ongeveer 'n kilometer en 'n half ver in Zambië skiet, en derdens, genadiglik, dat al die rooi-oog mortiere redelik hoog oor ons koppe trek, min of meer in die rigting van die weermagkamp en die swart woongebied.

Die mortiere maak 'n sagte plofgeluid wanneer dit skiet in Zambië, dan 'n soort van 'n fluitgeluid oor ons koppe, en dan 'n harder ontploffing waar dit op die grond beland. Maar bitter vinnig opmekaar, amper soos 'n masjiengeweer - maar dan een wat op steroïdes is, as jy jou so iets kan voorstel. Want daardie klank het spiere!

Dan hoor ons 'n ander geluid - 'n ontstellende hees geluid soos 'n gans wat blaas, en dit kom van die Weermagbasis se kant af! Die eerste mortier van hierdie kant af, val omtrent in die middel van die Zambezi, die tweede een net voor ons in die rivier. Wanneer ons die derde mortier se gans-geblaas hoor, is dit nie nodig dat iemand skreeu "hardloop!" nie, dit gebeur sommer so outomaties met ons al drie gelyk. Ek en Iben se spoed is omtrent dieselfde, want ek voel sy skouer heeltyd teen myne, vanwaar ons gestaan het, deur die nou hekkie waar ons later nie kon dink hoe ons altwee langs mekaar gelyk daar deur is nie, tot waar ons aan die weg-kant van die mortiere langs Wolfie se huis platval. Iben hardloop hom skoon uit sy plakkies uit! Wolfie, met sy skraal lyf, was net 'n kortkop voor ons twee.

Dan hoor ons hoedat die skrapnel en klippe en wat nog als op 'n sinkdak val. Nie op Wolfie se huis se dak nie, maar bitter naby. Ons word nog liewer vir daardie stukkie gras langs Wolfie se huis - lê nog platter as te vore, nie dat ons toe ons platgeval het gedink het ons kon nóg platter nie! Hoe lank ons daar gelê het voordat ons besef het daar kom nie nog gans-gevaartes na ons kant toe nie, weet ek nie, maar na 'n tyd staan ons weer op.

"Die Observasie pos by die watertoring het hulle seker laat weet hulle skiet nou op hulle eie mense," sê Wolfie. Die watertoring is net so 150 meter wes van Wolfie se huis af, op die rivieroewer. Die enigste ander gebou met 'n sinkdak wat ons naby gewaar, is 'n leë huis so omtrent 50 meter van Wolfie se huis af. Sjoe, dit was bitterlik naby!

Na 'n rukkie is ons seker ons eie mense skiet nie meer na ons kant toe nie, en gaan staan weer op ons ou plek, en Iben verenig weer met sy plakkies. Nou kan ons sien dat daar met groter goed as die gans-gevaartes uit die kamp op die rooi-oog geskiet word. Sowat 20 minute later sien ons dat die rooi-oog uitgehaal is deur ons manne. Dan begin daar weer 'n ander rooi-oog skiet heelwat meer oos en seker 5 of 6 kilometer dieper in Zambië in. Dit neem sowat 'n kwartier voordat ons sien dat dit ook deur ons manne uitgehaal is. Dan, omtrent 10 minute later, begin 'n derde rooi-oog skiet - omtrent in lyn met waar die eerste een was, maar seker 'n kilometer dieper in Zambië in. Hierdie derde rooi-oog maak dit nie langer as omtrent 7 minute nie, dan is alles stil aan Zambië se kant. Ons het veilig genoeg gevoel tydens die hele skietperiode, want ons kon heeltyd aan die gefluit hoor dat die mortiere ver bokant ons verby trek.

Dan, omtrent kwart oor twee, hoor ons hoe ons Weermag van naby ons huis op 'n hoërige wal loodreg op die rivieroewer, wat hulle seker voorheen self daar gestoot het, met 80mm kanonne begin skiet. Nadat ons die skietery 'n ruk lank dop gehou het en besef het dat dit nou nét ons manne is wat skiet én dat hulle darem veilig bo-oor ons koppe skiet, stap ons terug huis toe om te gaan probeer slaap. Dan val dit ons by van Bennie en David - waar sou hulle wees en hoe gaan dit met hulle? As ons na die somershuisie stap, wonder ons wat die grootbek David, wie ons lankal uitgevind het dat hy 'n groot Swapo aanhanger is, nou van die petalje sou dink!

By die somershuisie sien ons niemand nie - die twee kampbedjies staan verlate. Nou raak ons effe bekommerd. "Bennie, David!" roep ons. Dan hoor ons 'n baie bewerige en flou "Hier is ons!" van onder die kampbedjies uitkom. Die twee het sowaar altwee onder een kampbedjie vir die bomme gaan wegkruip! Die dappere grootbek David en die ordentlike Elias het sowaar aan mekaar lê en vasklou soos twee bang kindertjies! Ons wonder of hulle werklik gedink het 'n kampbedjie kan 'n mortier keer!

Ons skud ons koppe en gaan klim in die kooi. Maar probeer bietjie slaap met so 'n skietery net hier langs die huis! As die skoot afgaan, sidder die hele huis - dan die aaklige gefluit en wanneer die mortier anderkant die rivier ontplof, bewe die hele huis weer. Maar al kon ons nie maklik slaap nie, het ons darem nie die stres en onsekerheid wat die ander inwoners van Katima, wat so "gelukkig" was om bomskuilings te hê, moes deurmaak nie - hoor ons die volgende dag - of liewers dieselfde dag 'n bietjie later. Want oral hoor ons by mense stories van hoe beangs hulle was, want hulle het nie geweet of dit ons mense of die vyand was wat skiet nie, en wanneer daar dalk 'n terroris die deur van die bomskuiling kom wegblaas om hulle dood te maak nie.

'n Ander man vertel ons weer van die "site for sore eyes" (sy woorde) wat hy gesien het - toe die skietery op 'n stadium bietjie ophou, is hulle uit die bomskuiling terug in die huis in en sy vrou het gaan bad. Maar die volgende oomblik begin die skietery weer en hy sê dit was nogal 'n gesig om sy vrou sonder 'n draad klere aan en sopnat, met 'n spoed teen die trappe afgehol te sien kom!

'n Bietjie later hoor ons die afgryslike nuus dat 11 van die diensplig ouens in die aanval doodgeskiet is. Ek wou nie gaan kyk nie, maar Iben het toestemming gekry en gaan kyk. Hy sê dit was die grusaamste gesig wat hy nog gesien het - stukke van die slagoffers het nog oral bo in die bome om die kamp vasgesit.

Toe ons later by Wolfie se werkswinkel aankom, kry ons 'n bietjie meer eerstehandse inligting. Die jong manne wat saam met ons op Hippo Island braaivleis gehou het, was in dieselfde bungalow waar die derde mortier wat die eerste rooi-oog afgeskiet het, geval het: die enigste van al die honderde rooi-oog mortiere wat in of naby die kamp geval het.

"Ons het van agter in die bungalow verby daardie outjies gehardloop op pad loopgraaf toe - hulle was naby die deur besig om hulle stewels aan te trek toe ons vir hulle skreeu om te kom," vertel die een outjie - "ek het kaalvoet met net my onderbroek aan uitgehardloop en was besig om in die loopgraaf te duik toe die mortier in die bungalow ontplof."

Hy gee 'n moontlike verklaring: "Die outjies was almal "rowers" wat pas hulle basiese opleiding voltooi het en toe direk hiernatoe gestuur is, ek dink dit was so ingedril by hulle tydens hulle basies dat jy nie half aangetrek uit die bungalow mag kom nie, dat hulle eers wou aantrek." Nou ja, daardie paar sekondes het hulle dood gekos.

Later ry ons deur die swart woongebied - nou heeltemal verlate, met nie 'n enkele siel in enige van die huise nie. En ons kan sien hoekom - die plek is omtrent voos geskiet! Daar is nie een heel ruit in die hele gebied nie en die meeste van die pleister is vol gate soos die skrapnel dit getref het. Dit is net ongelooflik dat daar nie 'n enkele sterfgeval in die hele woongebied was nie - selfs nie eers een besering nie!

Op een plek sien ons hoe 'n groot gat in die harde grondstraat 'n mortier kan maak, selfs al het dit nie ontplof nie! Volgens die diepte en grootte van hierdie diep duik in die pad, kan mens aanneem dat hierdie mortier sommer 'n paar mense gelyk sal kan doodval - sonder om eers te ontplof. Op 'n ander plek sien ons 'n blik asblik wat lyk soos 'n draadmandjie soos die skrapnel dit verniel het.

As ons wegry na die kantore toe, kan ons nie help om te dink hoe ironies dit is dat al die honderde mortiere wat na die weermagkamp gemik is, nou juis in die swart woongebied moes val nie.

Na ons toestemming verkry het om te mag uitry, vertrek ons na Ngoma Gate toe om die skoon gemaakte watervlak registreerder te gaan terugsit. Oral langs die pad kry ons swart families met bondels op die koppe, besig om iewers heen te loop. Party loop weg van Katima af, ander is weer op pad terug.

Nadat ons die registreerder opgesit en gekalibreer het, doen ons 'n spoedmeting van die vloei in die Chobe rivier en ry daarna terug Katima toe. In die dorp sien ons 'n groot Russiese vragmotor wat ons weermag oorkant gaan haal het, vol terroris lyke op. Dis nie 'n baie aangename gesig nie en ons ry gou weer weg. "Dis nie Swapo's nie," sê David, "dis van hierdie plek se mense - die army sê net dis Swapo's."

"Ja, Bennie," dink ons, "dis mense soos jy wie die Swapo's die beste kan gebruik."

Nadat ek die afgryslike dinge wat hierbo gebeur het beskryf het, sal ek die leser nie langer verveel met die ander klein dingetjies wat nog verder verkeerd geloop het nie - dinge soos toerusting wat vergeet was wanneer ons by die terrein opdaag om dit te installeer, verdampingspanne wat lek en eers terug Katima toe geneem moes word sodat Wolfie dit kan "braze," nog goed wat gebreek het en so aan. Genoeg om te sê dat daar daagliks nog goed verkeerd geloop het totdat ons van Katima af weggery het.

Die volgende ding wat gebeur, is op die terugpad, op Rundu. Met die opkom slag het ons die registreerder wat op Rundu se water onttrekkings toring gemonteer is, nagesien en die kaart geruil. Nou moet ons net weer gaan kyk om te sien of dit reg gewerk het. Ons arriveer omtrent halfeen by die watertoring. Ons sien dadelik dat dinge bietjie anders daar uitsien as twee en 'n half weke gelede. Reg langs die watertoring is 'n pontkabel oor die Okavango rivier gespan na Angola se kant toe. Mense drom aan Angola se kant saam - duidelik vlugtelinge - en wag vir 'n beurt om met die pont oorgebring te word Rundu toe. Daar is 'n geskreeu en sommer groot bedrywigheid.

Ons sien die registreerder na, klim van die toring af, en vertrek 10 voor een terug Rundu toe waar ons in Waterwese se werkswinkel ons middagete geniet. Toe ons kwart voor twee wil vertrek terug met die lang pad Windhoek toe, hou daar 'n amptenaar stil. Sy oë is baie groot. "Hulle het die pontkabel afgeskiet van Angola af, en op die mense aan die Suidwes kant ook geskiet!" sê hy uitasem.

"Dit kan nie wees nie," sê Iben, "ons kom dan nou net daarvandaan af! Hoe laat het hulle dit afgeskiet?"

"Op die kop eenuur," sê die amptenaar.

Nou ja, so het die laaste groot gebeurlikheid op hierdie rit darem toe nie heeltemal verkeerd geloop nie - ons het dit met 10 minute misgeloop om op geskiet te word!

Ek het, nadat ek uit Suidwes uit weg is Republiek toe, vir Wolfie net een keer weer gesien. Dit was in 1994, op die TV. Maar dit was nie die opgewekte, lewendige, stout Wolfie wat by swart en wit op Katima geliefd en gerespekteerd was nie.

Nee.

Die TV wys hoe hy gewond by sy blou Mercedes se deur uithang naby Mafikeng, met sy kop op die teer, en waar 'n Bophuthatswana polisieman hom dan koelbloedig in die agterkop doodskiet met televisiekameras van oor die hele wêreld op hom gerig.

Wolfie was lid van die AWB wat die onafhanklikheid van Bophuthatswana wou gaan verdedig - hulle was op pad terug Suid Afrika toe nadat Lucas Mangope, die toenmalige president van Bophuthatswana, nie hulle hulp wou aanvaar nie.

Springbokke en 'n maag uit die beskawing

Die Kaokoveld, ai, nog een van daardie plekke waar ons soort ouens - jagters en bosliefhebbers - graag sou wou leef, sommer vir altyd. Nie dat ek dit nie **baie** sterk oorweeg het om sommer daar agter te bly toe ek laaste daar gewerk het nie - maar ek het toe maar op die nippertjie besluit ek sal maar huis toe gaan. Ek meen, die troue was darem al lankal gereël en my hele familie was al op pad van Suid Afrika af om die troue te kom bywoon - en dit wás per slot van sake my eie troue! Dit was ook seker 'n bietjie laat om so te besluit - mens moet redelik ook wees - dit was darem al Donderdag en die troue was Saterdag!

Wie sal ook nou ooit weet of dit die regte besluit was?

Maar dit is nie oor my laaste besoek aan die Kaokoveld waaroor hierdie storie gaan nie - nee seker so twee jaar voor dit, die slag toe die student van Stellenbosch, wat vakansiewerk by Hidrologie kom doen het, ook saamgegaan het.

Die reël was dat ons met twee bakkies moet ry as ons die Kaokoveld trip doen, maar ons sou hierdie keer net Purros, in die Hoarusib rivier in die middel Kaokoveld, besoek en terugkom - bietjie meer as 'n week - en het dus toestemming verkry om met net een bakkie te ry - maar dan toegerus met 'n radio.

Aangesien my bakkie nie 'n radiospoor radio in gehad het nie, het ek Iben se bakkie vir hierdie trip gebruik. (Die radiospoor radio was 'n baie kragtige radio wat gewoonlik deur die radiospoor sentrale op Walvisbaai gewerk het, hulle het jou dan gekoppel aan die telefoonnetwerk en jy kon enige plek heen bel. Jy moes egter net in gedagte hou dat elkeen met so 'n radio, al jou gesprekke kon hoor!)

Dit was die eerste keer dat die student in Suidwes kom - of lyk my die eerste keer enige plek in die bos. Kom ons noem hom maar Flip (nie om hom te beskerm nie, dis nie hierdie boek se plek om iemand te beskerm teen sy skandes nie - behalwe miskien my eie skandes, wat maklik is: ek skryf net nie daaroor nie!), maar omdat ek doodeenvoudig nie sy naam kan onthou nie. En dit het niks met ouderdom of tyd te doen nie - dis maar 37 jaar gelede - dit is maar net dat ek hom net daardie een trip gesien het en nie sy naam iewers neergeskryf het nie.

Flip was 'n fris, lenige kêrel met geen vet aan hom nie, en alhoewel alles vir hom vreemd moes gewees het, het hy alles as 'n avontuur gesien en oor niks gekla nie - behalwe die geweldige hitte. Daarvoor het hy ook raad gehad - toe die eerste tekens van beskawing agter ons rug verdwyn, het hy sy klere uitgetrek en die hele res van die trip in sy onderbroek rond geloop.

Ons het die eerste aand op Palmwag geslaap, waar daar 'n verlate lodge gestaan het. Hier moet ek darem ook net eers iets noem: die gebeure in hierdie storie het in 1977 afgespeel - toe was daar nog geen toeriste of toeristekampe in die hele Kaokoveld nie. Ek het een keer gedurende amper 6 weke in die Kaokoveld net in die eerste helfte van die eerste week, en toe weer in die laaste helfte van die sesde week enige blankes gesien - tussenin het ons miskien een of twee keer 'n week Ovahimbas gesien. Daar was geen fasiliteite of kampe soos wat ons deesdae af en toe op TV sien of waarvan ons in Christiaan Bakkes se boeke lees nie, of soos party foto's op Google Earth wys nie. Daar was, buiten die Ovahimbas, geen ander mense nie. Jy was heeltemal op jouself aangewese. Die Polisie het miskien elke twee maande 'n patrollie deur die gebied gedoen - meesal kuslangs deur die Seekus van die dood, en Natuurbewaring miskien twee maal 'n jaar. Die destydse Hoof Bantoe kommissaris van die Kaokoveld, Oom Ben van Zyl, en sy vrou tannie Babes, het darem meer gereeld deur die gebied beweeg.

Die volgende dag ry ons tot by Khowarib, waar die paadjie na die meetstasie wat ons moet bedien, deur 'n besondere slegte drif gaan. Ons hoor iets breek en stop. Dit lyk of die "engine mounting" afgebreek het. Daaraan kan ons nou niks doen nie!

Maar dit lyk of iemand voor ons ook daar 'n slegte ondervinding opgedoen het, want die persoon het 'n houtbordjie opgesit waar met die hand opgeskryf staan: Brug 14! Nou ja, vir jonger persone wat nie vertroud is met die terroriste oorlog in die noorde nie, gee ek hier 'n kort opsomming vanaf die Internet:

"Taakmag Zulu en Veggroep Foxbat se oorwinning by die slag van Brug 14 aan die sentrale front is wel bekend. Die slag het plaasgevind nadat die Suid-Afrikaanse magte na Quibala opgeruk het. Hulle moes egter die Nhiarivier by Brug 14 (wat deur die vyandelike magte vernietig is) oorsteek en hier het die genietroep te midde van 'n hewige geveg die brug herstel. Hierna kon die brug oorgesteek en die aanmars op Cassamba an Almeida voortgesit word."

Khowarib, of dan Khowaribschlucht soos die Duitsers dit noem, is 'n pragtige plek, waar jy nie anders kan as om 'n dag deur te bring as jy in die warm maande Kaokoveld toe ry nie. Die vloeiende water oor pragtige sand en tussen rotse deur, met die groen bosse teen die diep, wit rivieroewer is 'n lus vir die oog na die warm, droë gebied waardeur jy heeldag gery het. Nadat ons die meetstasie gediens het, lê ons sommer heeldag in die koel water tot skemer.

Die volgende dag is ons sommer gou op Sesfontein, waar ons papajas, wortels en beet by mnr Swart, die Bantoe kommissaris van Sesfontein, persent kry. My Damara assistent, Ernst, koop ook tabak by die winkeltjie - wat basies net tabak, vuurhoutjies, sout en mieliemeel aanhou.

Dan ry ons verder, Eers die stofvlakte, in die verstikkende fyn stof wat oral inkom - hier mag jy nie vinnig stop nie! As jy dit doen, golf daar 'n wolk stof om jou sodat jy geen asem kan kry nie. So, as jy *moet* stop, ry jy maar al stadiger totdat die bakkie tot stilstand kom sonder dat jy rem trap.

Na die stofgedeelte vat ons die hoë berg waar jy 155 meter in hoogte klim in bietjie meer as 3 kilometer afstand en anderkant dan weer baie steil af - senutergend, want jy kan die hele tyd wat jy af ry, nie die pad voor jou sien oor die Ford se neus nie - dis te steil! Jy sien heeltyd net blou lug voor jou. Ek kyk maar by die venster uit en probeer die Ford so stuur dat dit heeltyd ewe ver van die regter kant van die pad af bly - en as ek sê pad, bedoel ek eintlik smal, slegte tweespoor paadjie. Uiteindelik is ons onder - hier stop ons eers om uit die vlekvrye staalfles koffie te drink, om die senuwees effens te kalmeer.

Van hier af is dit nog omtrent 90 kilometer tot by Purros - wat ons tot vanmiddag sal neem om af te lê, want die paadjie is maar sleg! Langs die pad stop ons nog by die Goantes meetstasie en diens die registreerder.

So 'n entjie van Purros af, teen 'n platterige, klipperige helling, kom ons die eerste Ovahimba hutte teë. Ons stop en Flip, wat baie geïnteresseerd is in die Obvahimbas, kan hom verkyk aan alles. Dit lyk of die Ovahimbas hulle net so verstom aan hierdie lang, bloedrooi man (want so het die son hom al bygekom) met net 'n onderbroek aan, want hulle praat en lag onder mekaar en beduie na hom.

Ernst bring 'n paar van die Ovahimba mans nader en sê hulle wil met my praat. Die lange praat en Ernst tolk: "Hy sê die witman moet vir hom twee springbokke skiet, hulle is baie honger want hulle het lanklaas vleis gehad."

"Sê vir hulle ek mag nie hier skiet nie, Natuurbewaring sal my vang!" sê ek deur Ernst. "Aikona!," sê die lange, "hierdie is ons wild, ons mag hier jag, ons jag al die jare van my oupa se oupa se oupa se tyd af hier, die polisie skiet ook elke keer vir ons twee springbokke wanneer hulle hier patrollie ry."

"Dis waar," sê ek vir Flip, hulle mag hier jag - dis hulle jagveld. "Of dit wettig is as ek dit vir hulle skiet, is ek nie seker oor nie, maar ek kan nie dink dat dit rêrig verkeerd kan wees as die polisie dit ook doen nie"

"Maar sal jy naby genoeg kan kom om hulle met die haelgeweer te skiet?," vra Flip. Dit was die eerste ding wat Flip opgewonde gemaak het toe ons my goed by my blyplek in Windhoek oplaai - my dubbelloop "over & under" Marocchi 12 boor haelgeweer. Sedert ons gereeld in moontlike terroriste gebiede ry, staan my haelgeweer altyd regop teen die kussing - net langs die rathefboom - gelaai met twee bokhaelpatrone. As ek dit sou nodig kry, sou daar nie tyd wees om eers te laai nie! Dan is dit net veiligheidsknip afdruk en skiet!

"Ons sal maar moet kyk of ons naby genoeg kan kom," antwoord ek.

Ernst maak plek agterop die Ford vir die twee Ovahimbas en die maerste hond wat ek nog in my lewe gesien het. "Dis maar goed dat hier altyd 'n windjie waai in die Kaokoveld," sê ek vir Flip toe ons wegtrek, "want as die wind nie waai nie, kan hierdie hond nie regop staan nie - hy moet altyd teen die wind leun sodat hy kan regop bly!"

Flip lag. "Ja, dit lyk nie na 'n wafferse hond wat rêrig iets beteken nie!." Ons sou hierdie woorde nog sluk ....

So omtrent drie kilometer van Purros af, toe ons om 'n draai kom, ry ons skielik in 'n trop springbokke in. Hulle staan houtgerus en hardloop nie weg nie. "Is hulle siek dat hulle nie hardloop nie?" vra Flip, want dit strook nie met die jagstories wat ek om die kampvuur vertel het nie!

"Nee, ek dink hulle ken net nie mense en voertuie nie."

Ek klim uit - ek kan nie glo hulle hardloop nog steeds nie weg nie! Ek kan nie een van die naaste springbokke skiet nie, hulle is te naby en ek is bang ek kwes van die springbokke wat so op 'n klomp staan - want die haelpatroon sprei mos sy haelkorrels - mik op een en jy skiet dalk ander ook raak! Ek kies 'n springbok aan die rand van die trop uit wat alleen staan - bietjie ver, en skiet. O gaats, ek het sy been hoog afgeskiet - dit was seker te ver vir die haelgeweer wat mos nie groewe in die loop het nie.

Die springbokke hardloop nie eers weg ná die skoot nie, maar toe die Ovahimba met sy hond afklim bondel hulle en hardloop voor my verby. As 'n mooi ram alleen verbykom, skiet ek weer en die ram hardloop net vyf tree verder en val - morsdood! Ons laai hom agterop die bakkie.

"Nou wat nou van die eerste ram?" vra ek deur Ernst vir die lange. Hy beduie vir 'n lang tyd. Ernst sê: "Hy sê ons moet met die pad langs ry tot daar waar hierdie rant ophou" - so twee kilometer, skat ek - "hy sal vir ons daar kry met die springbok."

"Hoe gaan hy hom kry?"

"Met die hond!" Ek en Flip kyk die lange verstom aan - met daardie verskoning vir 'n hond? 'n Springbok op drie bene hardloop draaie om 'n windhond! Ons is oortuig ons gaan nou net tydmors, ons sal tog weer moet terugkom en die bloedspoor moet vat. Maar ons maak maar nietemin soos die lange sê.

As ons by die onderpunt van die rant kom, wag ou Lange al vir ons - en by sy voete lê die springbok! Ons kyk hom ongelowig aan. "Hoe het hy hom doodgekry?" vra ek vir Ernst.

"Die hond het hom gevang!" Ek kan dit nie glo nie. Dan verklaar Ernst dit vir my: "Hierdie Ovahimba honde kry net goeie kos as hulle iets vang - as hy niks vang nie, kry hy net genoeg kos sodat hy nie vrek nie - hy MOET net vang."

Ons ry tot by 'n groot Mopanieboom en die twee Himba's slag die twee springbokke af. As hulle klaar is, beveel ek vir Ernst om die bloedgemors op die bakkie silwerskoon te was. "Ons het nie meer so baie water nie," waarsku hy.

Ja, water, dit is die een ding waarsonder die Kaokoveld jou maklik kan doodmaak. "Maak nie saak nie," sê ek vir hom, "Purros is net hier voor." Ek weet dis een van die min plekke in die Kaokoveld waar jy altyd seker is dat jy water sal kry. Die Hoarusib rivier loop daar in 'n helder stroom bladwater vir 'n groot gedeelte van die jaar.

Wanneer die water deur die droë maande onder die sand wegraak, grou die olifante 'n gorra in die sand - jaar na jaar op presies dieselfde plek - seker al vir baie jare.

Want gaan lees bietjie die boek *Skeleton Coast* van John H. Marsh oor die skip *Dunedin Star* wat aan die Skedelkus gestrand het. Hy skryf onder andere oor die voertuigpatrollie wat van die binneland af gery het om die skipbreukelinge te red. Hierdie patrollie het by 'n gorra in die Hoarusib rivier hulle watertenks volgemaak. As jy die wêreld by Purros ken, sal jy aan Marsh se beskrywing agterkom dat die posisie van die gorra waarby hulle water volgemaak het, vandag nog op presies dieselfde plek is. Sy boek is in 1944 gepubliseer!

Wanneer ons teen die helling afry na Purros toe en die groen palmbome ons verwelkom - sien ons dat die rivier droog is. Ons blaas bande af, koppel die vierwielaandrywing en draai regs op in die rivier tot by die gorra. Hoe heerlik lyk die pragtige skoon water nie vir 'n dorstige reisiger nie! Ons stop. Die enigste probleem is nou om ons tenk uit die gorra vol te kry - al wat ons het om mee te skep, is 'n een en 'n half liter plastiek melkbeker! Maar wat, Purros se meetstasie is nie baie ver op in die rivier nie en daar is nog 'n goeie paar uur lig. Ons sal mekaar maar aflos om die ingeboude 100 liter watertenk op die Ford en twee 20 liter plastiekkanne vol water te skep. Dit vat baie lank, maar uiteindelik is alles tog vol.

"Gaan julle daardie water drink?" vra Flip, daar slaan die beskawing nou vir die eerste keer deur! "Natuurlik, en jy sal ook maar moet, dis al water wat daar is." Flip stap onmiddelik na die voorkant van die Ford en haak die seil watersak, wat nog driekwart vol water is, af. "Hierdie is nou *my* water - julle kan die ander water drink as julle wil!" Ek wil liewer maar nie vir hom vertel dat die Windhoek water in die watersak, heel waarskynlik gesuiwerde rioolwater is nie - want in die droë maande is dit waar Windhoek se drinkwater vandaan kom!

Nou ja, later moes hy tog maar van die gorra water drink toe die watersak leeg raak en het, soos ons, natuurlik niks daarvan oorgekom nie, want die water is suiwerder as enige dorpswater! As hy bietjie verder met sy ingenieurskursus was as sy tweede jaar, sou hy geleer het van sandfilters en kon aflei dat hierdie gorra se water uit die beste sandfilter ooit kom!

Wanneer ons by Purros se meetstasie aankom, staan ek by om te sorg dat ek en Flip, en veral Ernst, elkeen 'n klein stukkie springbokvleis kry - net genoeg vir twee aande se gaarmaak. Ernst is baie dikbek - hy is 'n Damara en het drie groot swakhede: vleis, tabak en vroumense - in daardie volgorde. Ek dink as jy vir Ernst 'n keuse moes gee tussen 'n stuk vleis en 'n hoop twak, en sê hy mag net een van die twee kies, en dis na drie weke in die Kaokoveld, sal hy waarskynlik van sy kop af raak voor so 'n hartverskeurende keuse.

Die volgende oggend baie vroeg staan ons op. Dan hoor ons 'n leeu steun-brul net hier by ons. Ernst kom asvaal om die bakkie gestorm. "Hoor, 'n leeu!" en hy is bo op die bakkie. Ek kon nie sien dat hy iewers gevat of getrap het nie. "En ons het almal oop hier buite geslaap, hy kon ons almal in die nag opgevreet het!" skreeu die ou van bo af.

Ons slaap nooit in tente in die veld nie, behalwe langs die kus of as dit reën. Ons trek gewoonlik net 'n seil op die grond oop en teen die kant van die bakkie op en sit dan ons beddens se koppenente teen die kant van die bakkie. Ernst en die Ovahimbas het hulle seil net plat op die grond oopgetrek en net so daarop onder hulle komberse geslaap.

Die Ovahimbas wil hulle dood lag vir Ernst. Flip se oë skitter net, hy sê niks. Ek sê: "Maar jy lewe mos nog, hulle het jou mos nie gebyt nie!." Maar hy wil niks weet nie - ook nie afklim nie. Dit kos dreig om hom daar af te kry om te help laai. Wanneer ek dreig dat ek sy stuk vleis vir die Ovahimbas gaan gee, klim hy darem gou af en help. Maar hy werk so omkyk-omkyk oor sy skouer in die rigting van die leeu.

Ons vervang Purros se stukkende registreerder met 'n nuwe, wat die rede was waarom ons Purros eintlik moes besoek, en draai dan die Ford se neus terug in die rigting van Purros se drif. As ons uit die rivier ry, is dit weer harde werk om die bande met die handpomp op te pomp, en dan draai ons suid in die rigting van Sesfontein. Ons laai die Ovahimbas en hulle vleis by hulle statte af, groet en ry verder - ons wil vanaand op Khowarib slaap.

Wanneer ons op Khowarib kos wil maak, is die sout weg. Ek pak my hele kostrommel uit en soek - niks! Dan dink ek skielik aan iets. Ek klim agter op die bakkie en soek Ernst se goed deur - nes ek vermoed het - Ernst het so wragtigwaar al ons sout by die Ovahimbas geruil vir nog vleis! (Sout is vir 'n Ovahimba baie meer werd as geld). Daar is baie meer vleis as wat ek vir hom laat uitdeel het!

Ek is briesend! Ek wil op die daad al sy vleis weggooi - en hy soebat en huil amper. Maar ek is vasberade - as ek vanaand vleis sonder sout moet eet, gooi ek al die vleis weg! Skielik kry hy weer 'n bietjie sout toe hy kastig ook die trommel deursoek - die bogger het natuurlik nie net al *ons* sout vir vleis geruil nie, maar darem genoeg sout vir *sy* vleis oorgehou!

Twee aande later is ons op die grondpad naby Kalkveld. "My broer boer hier naby," sê ek vir Flip, "as ons hier deur twee plase ry is ons by sy huis en dis nie juis 'n ompad nie - dan eet ons vanaand kos met genoeg sout!"

Ons maak so en kuier en eet heerlik by my ouboet Gerhard en sy vrou Annie. Flip drink genoeg skoon water, want al het hy die gorra water op die ou end *moes* drink en al het hy niks daarvan oorgekom nie, lyk dit my is hy tog dankbaar dat hy weer water in die "beskawing" kan drink.

Die volgende dag is ons gou weer in Windhoek. Die Ford bakkie het ons sowaar met 'n af "engine mounting" en al, weer veilig teruggebring! Die dag nadat ons weer terug is in Windhoek, is Flip nie by die werk nie. Die sekretaresse sê hy het gebel - hy is skynbaar siek. Twee dae later kom hy weer by die werk aan. Hy lyk maar baie bleek.

"Waar was jy?" vra ek hom.

"Sjoe, ek was amper dood van daardie water op jou broer se plaas - ek het later so erg ontwater dat ek moes dokter toe!"

Nou toe nou - hy wou nie gorra water drink nie maar word doodsiek van my broer hulle se plaaswater!

Toe ek die volgende naweek weer by my Ouboet kuier, neem ek 'n watermonster uit die put waar hulle drinkwater vandaan kom, terug Windhoek toe en laat dit toets vir waterkwaliteit. Die uitslag?

"Net-net geskik vir veesuiping!"

Die gorra by Purros

Khowarib

Elandjag in Zimbabwe

Ek het al so 'n slag aan hierdie storie geraak, in my vorige boek, waar ek geskryf het van Jopie en Karl se bok, met ons tweede jag in Zimbabwe. Maar wat, 'n goeie storie het nog niemand doodgemaak as jy dit twee keer moes luister nie - en ek het maar net effentjies vertel van hierdie storie, so half opsommenderwys. So ek vertel maar weer, ter wille van die volledigheid, kan mens maar sê.

In wie se kop die idee nou eintlik ontstaan het, weet ek nou nie meer nie, miskien by Henk, Karl se broer, of dalk by Rondevoet. Maar dit maak ook nie eintlik saak nie. Feit is, ons het 'n jag gereël in Zimbawe by Keith Knowles, om elkeen 'n eland te gaan skiet. "Ons" bedoelende Karl Osmers en sy broer Henk, ek en my jonger broer Jopie, en Johan de Pradines, oftewel "Rondevoet." Verder ook nog Karl se seun Bennie en Henk se seun Werner - onderskeidelik 11 en 12 jaar oud, en Jopie se seun Jacobus, seker 5 jaar oud.

Dit was 20 jaar gelede.

Ons wou elkeen een van daardie Livingstone elande van Zimbabwe skiet, behalwe Jacobus, wat darem nog bietjie klein was vir so 'n tamaaie bok.

Die eerste aand slaap ons op *Cohen*, Karl se plaas, en Henk, Rondevoet en Werner op Henk se plaas *Honeymoon*. Want ons weet mos nou al dat mens partykeer die eerste aand bietjie meer kuier as wat jy normaalweg doen - almal stres mos maar baie oor hulle werk en dan word daar so bietjie ontlaai om die vuur. Karl veral het 'n baie stresvolle werk en dit sal miskien beter wees om hom die eerste aand op sy eie plaas te laat ont-stres, en nie voor vreemde mense wie ons die eerste keer gaan ontmoet nie! Dit is vir 'n hele paar van ons ook die eerste keer dat ons in 'n ander land gaan jag, en ons is dus maar bietjie gestres oor die grens, waar ons met die gewere moet deur. Ons het gelukkig al die geweer uitvoerpermitte op Tzaneen by die SAP gekry, maar mens weet mos nooit.

Die volgende oggend vroeg, toe Beitbrug grenspos oopmaak, staan ons al in die ry. Vir 'n wonder gaan dit besonder vinnig, en voor ons stres nog eers behoorlik kon opbou, is ons dwarsdeur albei grensposte. Darem nie voor ek 'n slag goed my humeur verloor het vir een van die "entrepreneurs" by die Zimbabwe doeane, wat ons kastig deur die grens wil help nie - ek het half verwag hulle gaan my dalk voorkeer by die laaste 'boom' hek.

By die eerste kremetartboom op die Harare pad, stop ons en haal 'n bier uit - om behoorlik te kan ontlaai aan die opgekropte stres wat toe heeltemal onnodig was. Karl stres nog 'n bietjie, maar oor heeltemal 'n ander ding - sy toiletsakkie, waar hy 'n paar duisend rand in het: dis geld vir sy eland en vir Bennie se eland, en dan vir nog 'n eland as een van hulle twee dalk iets kwes! Dan nog daggelde en spandeer geld en wat nog alles. Kort-kort soek hy die sakkie.

By die Lion and Elephant Inn stop ons eers en eet 'n heerlike ontbyt, en probeer sommer die plaaslike Zimbabwe bier ook. Daar word taamlik gekorswel en bespiegel oor Keith se vrou, want haar naam is Sharon - en dit was net kort na Sharon Stone se rowwe fliek "Basic Instinct," so daar het nogal taamlike pittige sêgoed uitgekom. Party mense sou seker beweer daar was rowwe sêgoed ook, maar ons is mos ordentlike jagters en ek kan nie dink dat ons ons dááraan skuldig sou maak nie!

Na ete ry ons verder, darem nie veel verder nie, want by die Kwaggaspan pad draai ons links uit en sommer gou is ons op die plaas. Ons ontmoet vir Keith en Sharon, besonder gasvrye mense, en ons voel dadelik tuis. Ons stem ook almal saam dat Sharon se voorkoms darem nie so heeltemal op haar naamgenoot trek nie.

Nadat ons die goed afgelaai het, kyk ons eers of ons gewere nog skiet waar hulle moet, en dan ry ons almal saam met Keith sodat hy ons die plaas kan wys - dis 'n groot plaas met die een grens teen die teerpad. Dis pragtige bosveld met sand riviere en groot bome - met die eerste oogopslag laat die habitat jou onwillekeurig aan swartwitpense dink. Dis presies hoe hulle habitat lyk, soos ek al op jag video's gesien het. Ons sien taamlik elandspore - sulke regte sopskottels, en die opgewondenheid kom sit in ons lyf!

Daardie aand om die vuur kom ons agter dat die ont-stres aand op Cohen dalk nie so volkome gewerk het op Karl nie, want die man is baie woelig. En die woeligheid het op die oomblik als te doen met daardie toiletsakkie vol geld, want die seuns het dit weggesteek! Karl loop heen en weer, bakkie toe en terug, bungalow toe en terug en hy kla nie, hy "moan" heeltyd! Ons het naderhand klaar geëet en begin bed soek, toe loop Karl nog heen en weer.

Die plek waar ons gaan slaap, is so 'n lang slaapsaal of bungalow met sewe beddens daarin - een te min vir ons almal, so een ou moet in die huis slaap. Op die punt van die bungalow is 'n staaldeur, wat heeltyd toewaai as Karl inkom, en weer as hy uitgaan om verder buite te soek. Ons lê naderhand almal in die bed, toe is Karl nog in en uit. Jopie dink dat Karl seker nou lank genoeg gesoek het, en toe hy weer inkom, wys Jopie hom die toiletsakkie onder Werner se bed.

Karl se gemoed is dadelik heelwat ligter, maar nou is daar weer 'n ander probleem.

"Waar is my bed?" vra hy vir Jopie.

"Nee, hier is nie vir jou 'n bed nie, jy moet in die huis gaan slaap," sê Jopie. Karl mompel en is weer by die deur uit. Die deur klap weer toe - vir die soveelste maal. Hy is gou terug: "Wie het my komberse gevat?" - hy is sommer knorrig, pluk elkeen se komberse so half af om te kyk of ons nie sy komberse gevat het nie, nou verdink die man ons sommer van kombersdiefstal ook! Party van die manne slaap al en raak sommer half moerig vir Karl.

Gelukkig, voordat daar ernstige konfrontasie kon ontstaan, kom daar 'n wind op en slaan daardie staaldeur so hard toe dat ons die volgende dag ons morsdood gesukkel het om dit oop te kry. Nou dink Karl ons het die deur gesluit - hy ruk en pluk aan die deur en stamp daaraan. Ons begin 'n baie sterk vermoede kry (die ouens wat nog wakker is) dat dit dalk die heel verkeerdste ou van ons groep is wat by vreemde mense in die huis moet gaan slaap!

Die volgende oggend eers hoor ons dat hy toe maar by die vuur gaan sit het en vir hom naderhand koffie gemaak het, en eers 2 uur sy bed gaan soek het. Ook dat die yslike groot boerboel iewers in die nag bo-op hom kom slaap het! Hy sou dit natuurlik nie sê nie, maar ek het 'n baie sterk vermoede dat hy daar by die vuur so by homself gesit en grommel het oor sy skurkagtige jagvriende!

Die volgende oggend baie vroeg is ons op en drink koffie en eet beskuit. Die reëlings is gisteraand al getref wie waar gaan loop en wie vir wie gaan aflaai. Karl en Bennie ry saam met Keith in sy Landrover, ek ry saam met 'n spoorsnyer in my eie blou Landcruiser waarvan ek die deure afgehaal het, en Henk en Werner loop saam. Ek kan nie mooi onthou saam met wie Jopie en Rondevoet gegaan het nie, maar ek onthou dat Sharon vir Jacobus opgepas het.

Ek en Karl jag naby mekaar - Keith laai hom kwart voor sewe af op sy plek, en presies om sewe uur klap sy skoot! Dit is een van daardie ou dik elandbulle met 'n swart kuif en 'n pikswart nek. Hy sê hy wou eers vir Bennie laat skiet, maar het gesien dit gaan nie werk nie, toe skiet hy maar self.

Ek en my spoorsnyer is ook al omtrent dadelik op die elande se spoor. Ons sien hulle gou, maar daar is nie kans vir 'n skoot nie. Dan, na 'n ruk, sien die spoorsnyer aan die spore dat hulle nou baie naby is, en dat ons nou om die bos moet kruip. Dan is hulle skielik daar! Daar staan daardie ou grote, swarte elandbul, seker 15 tree van my af en wei! Dit is die grootste ding wat ek nog so naby op 'n jag in die bos gesien het - dit is enorm. Ek tel die geweer op maar die 375 H&H voel skielik soos 'n "pea shooter!" Ek voel so onseker oor hierdie skoot soos nog selde - soveel so dat ek net nie geskiet kry nie. Ek voel dat ek verseker nie hierdie yslike bok gaan dood kry nie.

Agterna het ek natuurlik soos 'n groot aap gevoel, of eerder soos 'n absolute groen jagter wat nou net begin jag het - en ek jag darem al dertig jaar. Maar nou ja, die elande het gehardloop en ons loop maar terug Landcruiser toe. Maar waar die Landcruiser was, is nou niks nie! Dis tog die regte plek, hier is die wielspore en ons uitklim spore. Maar wag 'n bietjie, wat is hierdie krapmerke in die pad? Ek staan 'n entjie terug - dis Karl wat vir my 'n 4 meter lange brief op die grond geskryf het: "Leen Landcruiser, kom haal jou!"

Toe Karl ons uiteindelik kom haal en ons die kamp binnery, hang daar twee elande, maar dit lyk amper soos 'n identiese tweeling. Albei die regte pikswart bulle, enorm groot. Werner het die ander bul geskiet met die 458. Henk vertel dat Werner, wat 'n skraal seun is, twee skote geskiet het, met elke skoot skop die 458 hom 'n paar tree terug, dan moet hy weer vorentoe hardloop om weer te kan skiet!

Daardie middag skiet Henk ook 'n elandbul, nie heeltemal so groot soos Karl en Werner se bulle nie, maar ook 'n mooi groot volwasse bul. Ons almal staan by die slagplek, elkeen met 'n bier, en bewonder die massiewe karkasse. Keith en Sharon kom ook by ons aan.

"You are very lucky!" sê Sharon. Ons beaam dit heelhartig.

Die volgende dag, Dinsdag, skiet Jopie sy eland - 'n koei. Die middag skiet Rondevoet sy eland. Dinsdagmiddag laat is ek darem al bitterlik vies vir myself dat ek nie daardie eerste oggend die skoot afgetrek het nie, want toe het ek darem al baie, baie kilometers ver op elandspore geloop!

Woensdagoggend vroeg ry ek teerpad se kant toe - daar is 'n hoëspanning kraglyn wat 'n ent van die teerpad af deur die plaas loop, mooi skoongemaak vir 'n breë strook weerskante van die lyn. Mens kan ver sien en volgens die spoorsnyer kry hulle baie oggende die elande daar waar hulle in die vroeë oggendsonnetjie staan na die koue nagte.

Sommer met die indraaislag van die tweespoor paadjie af sien ons iets 'n ent ver langs die kraglyn af. Dis elande! Ek ry deur die bos 'n hele ent nader en stop dan. Maar die bene is bietjie gaar geloop - hulle wil nie self uitklim nie - daar is 'n pyn in elke lies en ek moet elke been afsonderlik met my hande uit die Landcruiser lig! Maar as ek eers staan, is die loop maklik. Ons loop gebukkend nader, die laaste endjie bos kruip ons tot by die kant van die oop gekapte stuk. Ek loer om die bos - ja, daar staan hulle!

"Bly jy hier," sê ek vir die spoorsnyer, "ek gaan hulle alleen bekruip." Ek kruip terug tot in die digte bos, en loop dan gebukkend tot regoor die groot boom wat ek as merker gebruik het - ek het gesien dat daar 'n miershoop onder hierdie boom is. Die laaste stukkie tot by die miershoop seil ek op my maag - dan druk ek eers die loop oor die miershoop, en dan lig ek my kop stadig tot by die teleskoop. Hierdie ding van miershoop bekruip het Karl my geleer - hy het ook gesê, as jy 'n miershoop in die veld sien, bekruip dit, want daar staan baie keer wild agter 'n miershoop!

Een elandkoei staan pragtig oop - amper plank dwars. Dit lyk my ek ly nog steeds aan elandkoors, want ek bewe nogal. As die skoot loop, struikel sy, maar draf tog weg. Ek wag tot die spoorsnyer by my is, dan vat ons die bloedspoor. Voor ons nog ver in die bos in is, hoor ons haar val. Ons hardloop reguit op die geluid af. Ja, daar is sy, maar sy is weer op haar voete! Ek skiet weer 'n skoot, hierdie keer met 'n monolitiese koeël en sy slaan onmiddelik neer.

Ek skiet haar 'n versekering skoot agter die kop, wat seker nie nodig was nie, maar nou ja, dis 'n groot bok en mens wil nie kanse vat nie. Nou toe, daar lê sy! Ek voel klein langs so 'n groot en mooi bok.

Ek merk die plek op die GPS, sy het taamlik draaie gehardloop hier in die bos, en ons loop terug Landcruiser toe. Dan ry ons in die kaplyn van die kraglyn in tot by die miershoop, en vandaar waar sy die bos in is. Hier gee ek die GPS vir die spoorsnyer en sê: "Sien jy hierdie pyltjie - loop net agter dit aan!." Hy is baie in sy noppies met hierdie apparaat!

Ek ry agter hom aan tot by die eland.

"Hoe gaan ons haar laai?" Vra hy.

"Staan net soontoe, beduie ek vir hom, "ek laai haar sommer self." Ek ontkoppel die koppelaar van die wenas. Dan voer ek die wenas se kabel oor die katrol op die Landcruiser se neus en die een op die dak en haak die kabel om die agterpote van die eland. Baie windgat druk ek die knoppie van die wenas - niks gebeur nie! Ek probeer weer. Aikona!

Ek maak die enjinkap oop en loer in. Bob van de Pypekamp het op Tzaneen vir my 'n nuwe battery ingesit net voordat ons daar weg is - hy het natuurlik vergeet om die wenas kabel terug te sit! As ek die kabel optel om dit te volg, sien ek dat my hande nog bewe van die opwinding. Daar gaan die kabel, ja, dit is gekoppel. Ek kap die wenas met 'n klip, probeer alles, maar die bleddie ding is morsdood.

Wat nou? Die eland is so swaar ons kan amper nie eers haar nek lig nie. Ek maak 'n tou aan die Landcruiser vas, gooi dit oor 'n tak en sleep die eland in 'n boom op. Ons maak dit vas aan die tak - maar die boom is nie hoog genoeg nie. Daar is ook geen hoër bome in die omgewing nie. Ek stoot terug tot teen die eland en ons probeer die kop op die bak lig. Nee, die kop hang te laag en die bok is so swaar dat ons dit skaars kan roer. Ons is al sopnat gesweet soos ons spook met die eland.

Dan kry ek 'n ingewing: ons span al ons kragte in om die klap effens onder die kop en nek in te kry en die klap net 'n entjie te lig. Ons maak die klap in hierdie posisie vas aan die bak met 'n tou en ek sukkel die "High lift jack" onder die punt van die klap in. Daarna begin ek opdomkrag, Bietjie vir bietjie lig ons die kop. Die spoorsnyer trek met 'n tou vir al wat hy werd is - bak se kant toe. As die klap halfpad op is, maak ons die eland vas en ek stoot die Landcruiser verder onder haar in. So sukkel ons aan totdat die eland heeltemal op die bakkie is.

Ons is gedaan, maar baie bly dat ons met die eland agterop kan huis toe ry! By die kamp aangekom, vertel ek vir Jopie van ons gesukkel.

"Die kabel is seker nie gekoppel nie," sê hy.

"Nee," sê ek, en maak die enjinkap oop, "kyk daar gaan die kabel, daar ..." Jou wragtigwaar, daar lê die kabel se punt - dit is nie gekoppel nie! Ek het van pure eland-stres nie mooi gekyk in die bos nie! Ek druk dit teen die battery vas en druk die wenas kontrole - dit werk soos 'n horlosie!

"Blerrie Bob!"

Daardie middag besluit Karl dat Bennie een van die baie kameelperde mag skiet in plaas van 'n eland. Ons ry almal saam en wanneer Karl 'n jong kameelperd sien, stop ons. Ons kyk van ver af as

Bennie nader stap met die 375. Dan skiet hy! Dit lyk of die kameelperd so in paaiemente val - eers vou die lang nek ondertoe, dan die lyf en laaste die voete - as dit neerslaan, is daar sommer so 'n stofwolk! Ons laai die kameelperd met die wenas (wat natuurlik nou sál werk as daar 8 mense is om te laai!) - ook in paaiemente. Eers die lyf, dan maak ons vas, en dan haak ons die nek en sleep dit ook op.

Terwyl ons by die slagplek besig is om af te laai, kom Keith en Sharon ook daar aan. Sy kyk die spulletjie so: daar hang en lê nou ses elande, 'n kameelperd en 'n rooibok wat Bennie geskiet het - en dis Woensdagmiddag. Sy skud haar kop:

"No, you are not lucky, you are hunters!"

Karl verseker haar: "No, we were just lucky."

Nou begin die groot werk, om meer as 'n ton vleis verwerk te kry. Elke ou werk sy eie eland, daar is niemand om jou te help werk nie, elke ou is te besig met sy eie bok. Weet jy hoe swaar is so 'n elandboud? Jy kan dit nie eers alleen optel nie, jy moet eers 'n paar mote uitsny om dit effens ligter te maak sodat jy dit van die haak af op die vleistafel kan tel. Maar hierdie soort werk is natuurlik Henk se kos - hy werk sy en Werner se elande en nog die helfte van Bennie se kameelperd ook voordat ek nog my eland klaar gewerk het!

Donderdagmiddag laat sê Jane bekommerd vir Keith: "Wanneer eet hierdie mense dan, hulle werk net vleis en drink bier!" En sy gaan maak vir ons 'n groot pot kerrie en rys wat ons Donderdagaand behoorlik verslind, want ons is honger! Van al die lekker kos wat ons sou maak, het niks gekom nie. Henk het twee pragtige koolkoppe saamgebring waarmee hy een of ander bredie wou maak, en iewers tydens die vleiswerkery sê hy: "Ons sal nou maar seker hierdie koolkoppe vir die spoorsnyers moet gee," en hy sny met sy groot vleismes 'n sny van die rou koolkop af en eet dit. En voor jy kan sê "vleismes!" het ons daardie hele kop kool net so rou opgeëet!

Vrydag hardloop ons uit speserye en bier uit, en Keith ry dorp te om vir ons nog te gaan koop. Om 'n bietjie te ontsnap van die eentonigheid van vleiswerk, vat ek vir Jacobus om sy eerste vlakvark te gaan skiet. Ek het hom verlede jaar ook gevat om sy eerste tarentaal in die bos te gaan bekruip en skiet. Met baie geduld kry ons 'n vlakvark by die dam en Jacobus skiet 'n pragtige skoot met sy pa se 308. Ek weet nie wie van hy of ek meer trots is nie! Ek neem mooi foto's van hom met sy blou kamoefleer klere en die vark wat 'n perfekte bladskoot wys.

Toe ons by die kamp kom, is daar 'n jong outjie wat ek nie ken nie. Rondevoet stel my voor: "Dis nou Madrad, hy gaan ons vleis vir ons uitkry RSA toe."

Ons het almal invoerpermitte Suid Afrika toe vir 'n sekere aantal kilogram biltong en vars vleis, maar die probleem is dat die biltong so droog moet wees dat dit kan breek, en party van ons biltonge sal dalk nog nie heeltemal die breektoets slaag nie - ons het ook waarskynlik meer biltong as wat die toegelate hoeveelheid op die permitte sê. Ek, wat mos eintlik vleisjagter is, het waarskynlik ook meer vars vleis as wat my permit sê.

So, dis nou nie heeltemal asof ons rêrig 'n ernstige kriminele oortreding wil begaan nie - dis eerder 'n kwessie dat hulle die hoeveelheid vleis wat oor die permit kwota is, dalk mag konfiskeer - ook net as die doeane beampte die dag nie lekker voel nie. Madrad het blykbaar 'n manier om die vleis ongesiens deur die grens te vat.

Madrad wil ook probeer jag, en Rondevoet gaan laai hom in die bos af - Karl sal hom op 'n afgespreekte plek weer optel. Laatmiddag kom Karl in die kamp in. "Ek kry vir Madrad nêrens nie, hy is nie waar hy moes wees nie en ek het baie rondgery en hom gesoek." Dis al donker as Madrad by die kamp ingeloop kom, en hy is goed de vieste in.

"Hoekom het jy my nie kom oplaai nie?," vra hy aggressief vir Karl.

"Omdat jy nie op die plek was waar ek jou moes oplaai nie, of eers naby daar nie," sê Karl. Snaaks hoe party mense die gawe het om selfs iemand soos Karl, wat nooit met iemand driftig praat het nie, de wetter in te maak!

Nou lyk dit asof Madrad besluit het hy het iewers tyd verloor met sy voginname, want hy drink soos 'n dorstige kameel. En hy hou nie op praat nie - hy gaan aanmekaar te kere met Karl - hoe Karl maar self sy vleis sal moet deurvat en so aan. Totdat die besadigde Henk op 'n stadium keelvol raak. Hy praat baie sag, maar dit klink seker vir Madrad baie onheilspellend toe hy sê: "Madrad, nou hou jy jou bek of ek bliksem jou nou net hier."

Madrad is dadelik tjoepstil, hy sprak geen sprook verder die res van die aand nie, soos die oumense sou sê. Sit net en broei en haal in wat hy skynbaar dink hy verloor het. Met die voginname nou. Maar ek het so in die stilligheid lankal besluit sonder om dit hardop uit te spreek: "Madrad, my vleis gaan jy nie deurvat nie - ek vat eerder 'n kans met die doeane amptenare as met jou!"

Die volgende oggend vroeg laai ons. Ek pak my vleis in die koelbokse onder in die Landcruiser se bak en stop al my biltong in my ou groen weermag slaapsak, wat ek heel bo op al die goed op die bak met toue vasmaak - die slaapsak staan sommer sulke knoppe! Die ander manne laai hulle vleis op

Madrad se bakkie en sleepwa, en Madrad is daar weg sonder om te groet.

By die grens gaan ons weer almal maklik deur altwee doeanes - ek met knopperige slaapsak en al - behalwe dat hulle vir Karl stop by die "boom" hek aan die Zimbabwe kant.

"What have you got in the plastic can?" Vra die doene beampte en wys na Karl se twintig liter plastiek dieselkan.

"Diesel" sê Karl.

"You are not allowed to take diesel out of Zimbabwe!."

"What if it is in the tank of the vehicle?" vra Karl.

"That is different, that you can do."

Karl maak die dieselkan net daar leeg in sy bakkie se tenk. Nou mag hy deur ry!

Ons ry vanaf Beitbrug tot by Harry's restaurant in Messina. Hier sal ons wag totdat Madrad deurkom met die vleis. Ek sien sommer Karl is alweer besig om stres op te bou - oor Madrad en die vleis nou.

Ons gaan sit in die restaurant en bestel elkeen die grootste T-been skyf wat hulle het - ons is HONGER! Terselfdertyd kyk ons na die springbok rugby op die restaurant se TV, terwyl ons eet. Ek moet seker nie meer gewoond wees om te eet nie, want ek byt 'n gat dwarsdeur my tong! Dit wil nie ophou bloei nie. Rondevoet, wat lank in Messina gebly het, bel 'n dokter wat hy ken en bied aan om my na hom toe te vat, die dokter sal ons by sy spreekkamer ontmoet. Gelukkig is my T-been feitlik opgeëet!

Ek vermoed die bier, rook en T-been asem wat die dokter tref toe ek my mond oopmaak, moes seker bietjie erg gewees het, want dit lyk of hy so effens terug steier daarvan! Hy sit nietemin 'n hele paar steke in my tong in. "Die steke sal na 'n paar ure vanself oplos," sê hy. Ek weet nie of die oordadige hoeveelheid alkohol in my mond hierdie proses dalk bietjie versnel het nie, maar toe ons by die restaurant se hek inry, is al die steke klaar opgelos. Ten minste bloei my tong nie meer nie, en dis die hoofsaak.

By die hek, langs die toegangspaadjie, sit Karl met sy rug teen 'n groot boom. Sy gesig lyk vir my taamlik donkerrooi, mens kan amper sê persrooi. "Wat gaan met Karl aan?," vra ek vir Jopie toe ons weer by die restaurant kom.

"Nee," sê Jopie, "Karl het so "gemoan" dat ek vir hom gesê het: Nou hou jy op moan en gaan sit daar onder die boom!"

Maar Karl se stres word nie beter nie, want Madrad kom nie uit met die vleis nie. Boonop vergeet hy sy toiletsakkie vol geld waaroor hy so gestres het net so op die tafel in die restaurant toe hy uitloop. Gelukkig sien die kelnerin die sakkie lê en kom gee dit vir ons waar ons buite sit. Nou steek die seuns weer die sakkie weg, maar ons stop hulle maar gou, ons wil nie vir Karl nog verder laat ly nie.

Halfvier die middag kry Rondevoet eers vir Madrad oor die telefoon in die hande. Sy gesig lyk soos 'n hoëveld donderstorm toe hy klaar gepraat het.

"Waar is hy?," vra Henk.

"Die donner lê nog in sy kamer en slaap - hy was so dronk dat hy tot nou toe sy roes gelê en afslaap het!"

"Waar is die vleis?"

"Nog in Zimbabwe! Ek het vir hom gesê as hy nie binne tien minute hier is nie, gaan ek hom daar kom haal! Ek en hy ry nóú om die vleis in Zimbabwe te gaan haal!"

Rondevoet is 'n groot man, en hy was lank 'n polisieman. Soos hy nou lyk, met die bedonnerdgeit wat sommer so aan sy buitekant sit, is ek baie bly ek is nie 'n krimineel nie. Of dalk 'n Madrad nie.

Ons pak alles van Henk se Landcruiser en sy sleepwaentjie af en versprei dit so goed ons kan tussen die ander voertuie. Dis meer as 'n ton vleis wat gehaal moet word! Gelukkig het Henk se Landcruiser 'n kappie op, sodat die vleis beskermd sal wees. As Madrad aankom, ry hy en Rondevoet terug Zimbabwe se kant toe en ons ander ry plaas toe. Ons laai vir Henk en Werner by die opstal op *Honeymoon* af en ek, Karl en Joop en die twee seuns ry *Cohen* toe. Jopie is slim genoeg om vroeg al te gaan slaap, ek en Karl sit nog en praat.

Halftwaalf die nag hoor ons 'n voertuig - dit is Werner wat ons kom roep met Henk se ou Landcruiser (dit was die dae voor selfone) - die vleis is op pad. Ek en Karl ry met sy bakkie agter Werner aan tot by *Honeymoon* se opstal. Ons los Karl se bakkie daar en ry dan met Henk se ou Landcruiser na Mopani toe. Henk is bang die swaargelaaide sleepwaentjie se as kan dalk breek op die grondpad van Mopani af. Ons moet hulle kry voor Mopani en dan van die vleis op Henk se ander Landcruiser laai.

Maar ons kry hulle sommer net 'n paar kilometer van *Honeymoon* se ingangshek af, op die grondpad. Ons stop en klim uit.

"Het julle maklik deur die grens gekom?" vra Henk.

"Nee," sê Rondevoet, "Madrad se kontakte by die Suid Afrikaanse grens was nie daar nie, en 'n vreemde swart polisieman kom toe daar uit en wil alles deursoek. Dis duidelik dat hy omkoopgeld gesoek het, en sommer baie! Ons het omtrent niks geld oorgehad nie en hy wou sommer 'n paar honderd rand hê. Dis toe dat hierdie de Pradines se moer totaal strip. Ek druk ons paar rand in sy hande, kyk hom in die oë, en sê: 'Jy beter nie slaap nie, ek kom jou een of ander tyd vrek maak!' Dit was een van daardie jong swart polisiemanne wat ek as instrukteur nou die dag nog opgefoeter het by die Polisie Opleidingkollege. Ons klim toe in die bakkie en ry dwarsdeur tot hier!"

"Was jy nie bang hy gaan jou keer by die hek nie - of selfs op jou skiet nie?" vra Henk.

"Nee, ek was slimmer as dit. Die paar sekondes van verdwasing toe ek hom gedreig het, het my kans gegee om te ry sodat hy nie ons paar rand kon teruggee nie, dit het hom klaar skuldig gemaak aan omkopery - hy kon eintlik niks doen nie!"

Ek en Karl kom kwart oor een die nag op *Cohen* aan met 'n vrag vleis - dis sy en Bennie se vleis en Jopie s'n. Karl probeer vir Jopie wakker maak, maar Jopie ken vir Karl al te lank. Hy slaap baie vas! Hy roer nie, maar as Karl sy rug draai, sien ek dat Jopie se een oog wat oopmaak, veels te wakker lyk vir iemand wat so diep slaap!

Nou wil Karl met alle geweld gaan biltong ophang - half twee in die nag! Met 'n half bottel whiskey ook nog, hy is nie eers 'n man wat enige hardehout drink nie, miskien een of twee doppies whiskey af en toe - hy drink eintlik net bier. Ek sê vir hom: "Karl, daar is geen manier wat ek nou gaan biltong ophang nie, jy kan vergeet daarvan!"

"Nou gaan help my dan net aflaai, dan kan jy terugkom met die bakkie." Die vleiskamer is by die ou opstal, so bietjie minder as 'n kilometer van Karl se huis af op *Cohen*. Selfs dit is darem baie gevra, maar nou ja, vriende help mekaar - selfs al is hulle moeilik! Ek maak so, en kom ná twee uur eers in die bed.

Kwart oor vyf die oggend is daar 'n gehamer aan die deur - dis Karl. Kan hy nie maar net die deur oopmaak nie, dis mos nie gesluit nie?

"Hoekom laat julle my so ver in die donker loop met my kaal voete!," is sy eerste woorde. "Kom, kom, slaap julle nie wragtig nog nie, waar is die koffie - ons moet ry! "

Ag nou ja ....

Kan iemand tog verduidelik wat is etiese jag?

Toe ek nege jaar oud was, was ek 'n ervare jagter. (Dat ek dit net in my eie oë was, het ek natuurlik nie toe besef nie) Ek het my kettie vakleerlingskap al 'n ruk voorheen voltooi en met die windbuks kon ek al meer voëltjies en duiwe op een dag skiet as wat 'n klein seuntjie en 'n piekanien op 'n slag kon opeet. Ek kon ook al redelik goed skiet met die .22 en het al vir my pa bewys dat ek verantwoordelik met vuurwapens kon omgaan.

Dit was duidelik nou tyd vir grootwild – op die 50 morg plasie buite Tzaneen het grootwild tarentale beteken. Maar grootwild beteken 'n groot geweer, en aangesien dit gevaarlik was om met die .22 op hierdie plasie te jag omdat daar altyd oral werkers in die boorde en bosse was, was die enigste ander opsie my pa se Osborne dubbelloop twaalf boor haelgeweer. My neef en jagmaat toe ons klein was, Vic Osmers, het 'n 410 haelgeweer gehad, en ons sou met hierdie twee gewere ons eerste grootwild jagtog aanpak. Die enigste klein probleempie was dat my pa op daardie stadium net SSG bokhael patrone in die huis gehad het. 'n Deeglike soektog in Vic se pa se kaslaaie het een 12 boor nommer 3 haelpatroon opgelewer – 'n groen Eley patroon. Dit was vir my verskriklik mooi, want dit het alle grootwildjag van al die honderde jagboeke wat ek toe al verslind het, versinnebeeld.

Vir ons, as ervare jagters, was jag en bekruip een en dieselfde ding. Maar wie van julle het al 'n trop tarentale probeer bekruip? Daar is altyd een wat jou sien! Ons het selfs later begin vermoed dat ons dalk nie sulke ervare jagters is as wat ons die oggend nog geglo het nie. Genoeg om te sê dat ons, toe ons die middag sterk skemer skei om elkeen na sy eie huis toe terug te loop, nog niks gehad het om te wys vir ons eerste grootwildjag nie – totdat ek teen die laaste laatmiddaglig 'n tarentaal afge-ets sien waar dit in 'n boom sit. Die terugskop van die skoot uit die 12 boor laat my plat op my stert gaan sit – ek spring egter vinnig op en hardloop vorentoe – net om vir 'n tweede keer op my stert te gaan sit toe ek voluit in 'n doringdraadheining tussen die lang gras en heeltemal onsigbaar in die halflig, vas hardloop. Na baie gesoek kon ek darem goed donker met my eerste grootwild baie trots huis toe loop.

Soos ek meer suksesvol begin raak het met die "grootwild" jag, het my pa baiekeer vir my een nommer 3 haelpatroon gegee en gesê: "Gaan skiet vir ons drie tarentale." Dan moes ek al my vernuf inspan om 'n trop tarentale te bekruip en myself in so 'n posisie te kry sodat ek net drie sal doodskiet en nie dalk meer of minder nie – want dan sou my pa my baie probleme gee!

Baie jare later het ek eers gehoor dat ek totaal oneties gejag het in my kleintyd! Want toe moes ek hoor dat jy 'n tarentaal net met 'n haelgeweer in die vlug mag skiet. Ek het ook geleer dat hierdie "etiek" van die Engelse af kom, en ek kon nie verstaan hoekom ons boere dan nou skielik oneties jag as ons op ons manier jag nie – onthou dat ek in 'n tyd groot geword het waar 'n Engelsman die vyand was! En as ek baie eerlik wil wees, kan ek dit vandag nog nie verstaan nie.

Toe ek omtrent 40 jaar gelede vir die eerste keer lid word van 'n jagtersvereniging (eers Bosveld Jagtersvereniging (BJV), toe Natal Jagters en toe weer BJV), het ek agtergekom dat daar 'n hele stel reëls is wat almal saam as "jagetiek" bekend staan. Ek het geleer dat hierdie etiek 'n stel reëls is wat die jagter vir homself neerlê, bo en behalwe van wat die landswette sê ons mag en nie mag doen nie. So het ek self 'n streng etiese jagter geword, en toe ek later instrukteur word, het ek ywerig hierdie reëls as kursusse aangebied vir junior- en senior kursusgangers.

Maar op 'n stadium, toe ek ouer word en meer van ander lande en ook ons eie jagmetodes begin leer het, het ek agtergekom dat jagetiek glad nie so eenvoudig is nie – trouens ek het agtergekom dat jagetiek eintlik net is wat elke jagter vir homself uitmaak dit is. Daar bestaan geen enkele stel reëls waarmee alle jagters in die wêreld sal saamstem nie. Om die waarheid te sê sal jy dikwels teenstrydige menings oor jagetiek tussen Suid Afrikaanse jagters kry – selfs van jagters in dieselfde jagtersvereniging. Dit was toe dat ek agterkom dat ek nou nog minder verstaan van jagetiek as toe ek die eerste keer daarvan gehoor het!

Want verklaar bietjie vir my die volgende teenstrydighede:

Hoekom is dit oneties om met 'n geweer by 'n watergat te sit om 'n bok te skiet, maar dis heeltemal eties as jy dit met 'n boog doen? Hoekom is dit eties om 'n luiperd of leeu by 'n dooie bok voor te sit maar oneties om 'n bok by 'n soutlek voor te sit? Hoekom is dit in Europese lande eties om bokke in 'n "hochsitz" (hoë stellasie) by aangeplante voer voor te sit maar oneties om wild by voerbale voor te sit? En om springbokke wat met perde aangejaag word in die Karoo op 'n spesifieke plek voor te sit is ook eties. Hoekom is dit aanvaarbaar om in die Kalahari wild van 'n bakkie af te skiet, maar op enige ander plek is dit oneties (en selfs teen die wet?). Hoekom is dit eties om bosvarke in die nag te jag, maar nie ander diere nie?

Dan is daar ook nog 'n paar ander onverstaanbare en selfs absurde etiese reëls. Mense sal vir jou sê dat dit oneties is om 'n bok by die water te skiet, want "hoe kan jy 'n dorstige bok doodskiet?" Nou hoe ver van die water af mag jy dan skiet – 100m, 200m? Nou wil ek net weet, is 'n bok op pad water toe op 100 of 200m van die water af minder dors as by die water? Ander sê weer: "'n bok moet water drink, dis oneties en onsportief om dit by die water te skiet." Behalwe dat elke roofdier dan ook verskriklik oneties is, wil ek ook graag weet – as jy op 'n paadjie wat water toe loop, 'n bok doodskiet, wat is die verskil dan of jy dit daar skiet of by die water self? Elke dier moet water drink, en enige jagter probeer tog maar 'n bok opspoor iewers tussen die water en die weiding.

En om terug te kom na die etiese manier van voëljag, waarmee ek hierdie skrywe begin het – ek glo steeds dat wanneer jy voëls in die vlug skiet met 'n haelgeweer, jy baie meer voëls kwes as wanneer jy byvoorbeeld met 'n .22 tarentale jag – wat dus volgens my siening die 12 Boor jag meer oneties maak. Dit is ook baie moeiliker om tarentale te bekruip as wanneer 'n hond vir jou die tarentaal "point" en jy gereed kan staan om te skiet. En persoonlik eet ek, vandat ek deur die jare een kroon en twee stopsels stukkend gebyt het op haelkorrels, nie graag 'n tarentaal wat met 'n haelgeweer geskiet is nie. En buitendien, wie gee mense uit Engeland die reg om vir ons boere te kom vertel ons jagmetodes is oneties!

En luister bietjie wat se absurde etiese reël staan in een van die Jagtersvereniging se vorige lesings oor jagetiek (geskryf deur 'n vriend wat nie van rook hou nie) – "Dis oneties om in die jagveld te rook." Twak! Rook is deur al die eeue heen deel van die veld. Ja, natuurlik moet jy baie verantwoordelik en versigtig rook in die veld, want jy kan die hele plaas vernietig deur een onbesonne weggooi van 'n lewendige stompie of 'n vuurhoutjie wat nog brand. Maar in die 40 jaar wat ek nou al rook, het ek nog nooit eers amper enige vuur in die jagveld laat ontstaan nie – want ek weet wat die risiko is van onverantwoordelike rook in die veld.

Nou moet die leser nie dink ek is 'n voorstander daarvan dat daar geen etiese reëls mag wees nie, of dat ons maar by die water 'n bok kan voorsit of wat ook al nie. Anders as wat dit miskien mag klink, is ek ook nie besig om jagetiek af te kraak nie. Ek jag graag met die voet in die bos *omdat ek daarvan hou om so te jag*! Daar is vir my niks lekkerder as om alleen in die bos te wees met my geweer nie!

Maar jagetiek is iets wat elke jagter net vir homself kan vasstel en ek glo dat een jagter nie vir 'n ander jagter mag voorskryf hoe hy of sy moet jag nie. Maar natuurlik skep hierdie siening ook sy eie stel probleme, want mens kry werklikwaar mense (mens kan hulle nie jagters noem nie) wat absoluut geen respek het vir die wild wat hulle jag nie, en wat deur hulle dade alle jagters in 'n negatiewe lig stel aan die wêreld daarbuite. En sulke jagters MOET geleer word van jagetiek.

Nou wat is dan die oplossing? Ek dink die sleutelwoord hier is "respek" vir die dier wat gejag word. Hier kan ons gaan leer by twee heeltemal uiteenlopende nasies. Eerstens die Duitsers (en ander Europese jagters) wat allerhande rituele het ná die jag om hulle respek aan die gevalle dier te bewys – byvoorbeeld die takkie wat hulle in die bok se bek sit as laaste eerbetoon aan die dier. Tweedens kan ons gaan kyk na watter respek die Boesmans toon aan 'n dier wat hulle gejag het – hulle sal vir hierdie bok om verskoning vra dat hulle dit gedood het en mooi verduidelik dat hulle nie 'n ander keuse gehad het as om die dier te skiet nie, want hulle gesinne kon van honger sterf.

In Suid Afrika en ook in ander lande, is ons etiese reëls baie gebaseer daarop dat die wild wat gejag word, 'n "sporting chance" moet hê om te kan ontsnap. Hierdie "sporting chance" is in die bosveld eintlik 'n vanselfsprekendheid, want die bok kan beter sien, hoor en ruik as die jagter, en ken bowendien die veld beter as wat ons ons eie sitkamers ken. In die bosveld is jag nie maklik nie – dis lekker ja, maar nie maklik nie!

In die Kalahari en ander dele van ons land, is daar weer 'n ander faset wat ook 'n effek kan hê op jagetiek. Wanneer mens in die Kalahari of op ander ver plekke jag, is dit 'n jag wat gewoonlik lank voor die tyd beplan word, en wat, as gevolg van die ver afstande, gewoonlik 'n relatief duur jag is. Daarom word gewoonlik 'n hele paar manne bymekaar gekry om sodoende die kostes per persoon te verminder.

Gewoonlik is tyd ook 'n probleem, want almal werk maar vir hulle brood en botter. Dus moet daar na praktiese maniere gekyk word om almal 'n kans te gee om hulle wild geskiet te kry. En dis dan wanneer daar met bakkies gejag word, wat op ander plekke as oneties beskou sal word. Maar as hulle nie so kan jag nie, sal hulle glad nie kan gaan jag nie! En as almal so daaroor voel, gaan dit vir die wildboere gou onlonend wees om te laat jag en gaan hulle dalk weer teruggaan na veeboerdery. En dan *gaan* die wildgetalle in Suid Afrika verminder, want as 'n wildsbok nie vir 'n boer geld inbring nie, gaan hy dit nie op sy plaas aanhou nie. So, jagetiek kan nooit eenvoudig 'n *swart of wit* konsep wees nie.

Nou wat moet ons dan ons jong jagters en ook nuwe jagters leer van jagetiek? Ek glo ons kan nie anders as om voort te gaan om hulle ons reëls oor jagetiek te leer nie, sodat hulle kan besef dat 'n jagter nie net 'n doodskieter is nie en respek vir wild en die natuur by hulle te kweek. Maar ons moet hulle ook leer dat jagetiek iets is wat elke mens net vir homself kan uitmaak, en ek glo dat daar net vier universele en ononderhandelbare etiese reëls is waaraan elke jagter *moet* voldoen om 'n etiese jagter te wees:

1. Ons moet altyd die grootste respek hê vir die diere wat ons jag en ook vir die natuur waarin ons bevoorreg is om te mag jag.
2. Ons moet altyd seker maak dat ons die dier wat ons jag, op die vinnigste en mees pynlose en mees effektiewe manier doodmaak – gebruik die regte kaliber vir die wild wat jy jag en maak baie seker van jou skoot! Jy moet deur baie ure se oefening op die skietbaan, ten volle vertroud wees met jou geweer en jou eie vermoëns – *voordat* jy gaan jag!
3. Jag altyd so dat daar genoeg wild sal oorbly sodat jou nageslag ook sal kan jag
4. Moet nooit die wette oor jag en natuurbewaring oortree nie

Uit hierdie vier reëls kan elke jagter dan sy of haar eie stel etiese reëls bou, na gelang van die jagter se eie persoonlike en fisiese vermoëns.

Dit is my siening oor jagetiek.

Tien Elande op Vrienden

Ons jag weer 'n slag op *Vrienden*, die plaas van Neels en sy pa, Ossie Osmers, by Huntleigh stasie. Dit is, soos gewoonlik, my jagmaat Danwilh Ingram en ek, Dirk Mostert (nou ook al weg na die jagvelde daar bo), en Marius, Danwilh se familie van PE af.

Vrydagoggend loop Neels en Marius hulle gedaan agter die elande aan. Nadat ons brunch geëet het, gaan ry ons 'n draai met Neels se Landcruiser. Naby die een krip kry ons 'n trop elandkoeie. "Hoekom laat jy nie maar vir Marius nou 'n elandkoei skiet nie?," vra ek.

"My geweer lê by die kamp," sê Neels.

"Maar ek het my 375 hier, dis tog presies dieselfde as jou geweer," sê ek. Ek en Neels het albei Winchester 375 H&H gewere.

Neels en Marius klim af en loop tot by die naaste boompie. As die skoot afgaan, sê Neels: "O donner, hy het 'n tak raak geskiet!"

Ek sê: "Nee, dis raak, kyk, daar val sy nou!"

Neels gaan bekyk die tak, dis seker 4 sentimeter in diameter. Die Rhino koeël is op die kant van die tak deur, maar dit het tog steeds reguit gegaan en die eland getref presies waar Marius gekorrel het! Neels is baie beïndruk met hierdie koeël.

Ek het eintlik beplan om 'n koedoekoei en miskien een of twee rooibokke te skiet, maar na

Marius se eland kry ons nog 'n paar keer eland troppies. Nadat ek so 'n bietjie nagedink het en so 'n paar sommetjies gemaak het oor die hoeveelheid vleis in my vrieskaste en die aantal jagnaweke wat ek nog beplan het in hierdie jagseisoen, kom ek tot die gevolgtrekking dat dit vir my beter gaan wees om 'n elandkoei te skiet. Neels sê dat hy vir ons 'n jong elandbul, wat nog nie begin dik nek maak het nie, ook vir 'n koei se prys sal gee. Dit vergroot darem my kans so effens om wel 'n eland onder skoot te kry.

Rand per kilogram is elande natuurlik in elk geval jou beste wild om te skiet, en jy kry ook nie rêrig lekkerder wildsvleis as 'n eland nie. Dis maar presies dieselfde as beesvleis, behalwe nou dat dit sonder hormone en steroïdes is! Dis nou rêrig soos die Engelsman sê "free range" vleis. Net heelwat "free-er" as Woolworths se werfhoenders!

Elandjag, weet ek, werk soos buffeljag net op een manier - spoor soek op die paadjies, en as jy dit kry, spoor vat tot by die eland. Maar Saterdagoggend is ons gelukkig, en kry die elande langs die pad terwyl ons nog spoor soek. Nou ja, dis darem ook tyd dat ek 'n slag gelukkig moet wees ook - dit kan nie altyd net andersom wees nie!

Daar staan 'n jong bul plank dwars vir my en kyk - een van daai wat so in 'n koei se prysklas val. Wanneer die 375H&H se skoot afgaan, slaan die eland net daar neer. Sjoe, kan elandjag só maklik wees?

Wanneer ons nader stap, lyk iets nie heeltemal reg nie - soos die eland daar lê, steek sy een heupbeen skerp uit. As ons by die eland kom, sien ons dat die dier vrekmaer is - en dan sien ons nog iets: op die eland se voorkop is 'n 3 sentimeter breë strook waar die vel heeltemal weg is tot op die kopbeen! Dit gaan amper van die een oor af, rondom die voorkop tot by die ander oor. Wat sou dit veroorsaak het - 'n strik? Of dalk 'n bakleiery met 'n ander bul? Wie sal weet, maar dat dit hom baie gepla het, is duidelik en Neels is baie beslis dat ek nie daardie eland moet vat nie - sy kondisie is ooglopend baie sleg en hy is brandmaer.

Dan laai ons maar die eland op en ry terug kamp toe. By die kamp bel Neels vir die vleisfabriek, om te sê ons kom en 'n prys vas te maak. Die prys is maar power - seker 'n derde van wat hy sou gekry het as ek die eland gevat het - 'n groot verlies! Ons ry deur die grenshek en in die grootpad af tot by die vleisfabriek.

Terwyl hulle die eland karkas aflaai, kyk ons bietjie rond. "Dit lyk nie so vreeslik higiënies nie," sê ek.

"Kom kyk, hier hang tot 'n Sivet!" sê Danwilh, en wys na waar die karkas buite onder die afdak hang.

"Vat julle dan Sivet vleis ook?" vra hy vir die swarte wat daar werk.

"Ons vat *enige* vleis, ons kry tot leeuvleis."

Ons stap binne - daar is 'n reuk binnekant wat nou nie juis aangenaam is nie, om dit baie sag te stel. Soveel so dat Marius amper binne in die plek opgooi. Hy storm buitentoe ...

"Wat maak julle met die vleis, waar verkoop julle dit?" vra ons vir die voorman. Hy wys ons waar hulle die vleis styf in kartondose ingedruk, verpak.

"Wie koop hierdie vleis?" vra Danwilh.

"Ons stuur dit Johannesburg toe na die vleis groothandelaars."

"Wat maak hulle daarmee?" vra ek.

"Nee, ek weet nie presies nie, maar ek dink hulle verkoop dit weer aan die mense wat polonies en viennas en ook hondekos maak."

Nou ja, daar het jy dit, ek was nog nooit lief vir polonie of Weense worsies nie, maar nou sal ek nie weer my mond daaraan sit nie!

Die middag ry ons weer uit om elandspore te gaan soek. En weer is ons gelukkig, want ons kry weer 'n trop elande naby *Vrienden* se noordwestelike hoek. Ek begin al half bang raak omdat ek twee keer op een dag so gelukkig is. Maar ek was verniet bang...

Die elande is darem nie te naby aan die grensdraad nie - ons skiet nie naby 'n grensdraad nie, want hulle kan maklik deur die grensdraad hardloop as hulle paniekerig word. Ek sien 'n groot koei alleen staan - met die 375H&H skiet jy gewoonlik dwarsdeur 'n bok so jy moet maar mooi kyk of daar nie twee diere agtermekaar staan nie. Die elandkoei staan effens skuins, nie heeltemal plank dwars nie, en na die skoot draf die hele trop weg. Ek voel nie te sleg oor die skoot nie, maar dit lyk of sy nie dadelik gaan vrek nie.

Ek en Neels loop op die spoor en ons sien hulle weer - nou **is** hulle naby die heining! "Hier gaan probleme kom," sê Neels. Hierdie elande is heeltemal te naby aan die grensheining!." Hy loop terug na Danwilh hulle in die bakkie. "Ry julle met die bakkie tot so 'n honderd meter van die hoek af langs die grensdraad en dan stop julle daar, sodat die elande julle sal sien as hulle grensdraad toe hardloop en kan omdraai," sê hy vir hulle. Danwilh bestuur, en Dirk en Marius is ook op die bakkie.

Neels kom weer terug na waar ek naby die elande wag. Ons bekruip die trop en dan sien ons die elandkoei. Wanneer ek skiet, val sy en bly lê, maar dan is daar groot moeilikheid! Die hele trop storm grensheining toe! Hulle sien die bakkie en swenk meer oos, maar steeds op die heining af. Danwilh sien hulle gaan voor hom verby hardloop en hy jaag met die bakkie vorentoe om hulle te probeer afsny. "Stop, moenie ry nie!" skreeu Neels uit volle bors hier langs my. Nie dat hulle sou kon hoor nie. Of dat dit sou gehelp het as hulle bly staan het nie.

   Die eerste koei spring teen die wildwering heining en val dit plat. Dan hardloop die ander elande doodeenvoudig oor die plat heining. Ons tel: sewe elande is deur! Ons staan verslae. Neels het 'n pyn-trek op sy gesig. Hy bel die eienaar van die plaas langsaan, Deon Rautenbach, en vertel hom van die elande wat oor is. Hy sê Deon moet asseblief dadelik een van sy mense stuur om deur die spore op die grond te bevestig dat daar sewe elande deur is na sy grond toe. Maar wat sal dit eintlik help? Volgens wet is Deon nie verplig om Neels se elande terug te gee of daarvoor te betaal nie - omdat wild nie gebrandmerk is dat jy kan bewys dis joune nie. Mens kan maar net staat maak op iemand se regverdigheid.

   Ek voel bitterlik sleg, eintlik is daar 'n geskikte boerewoord met net drie letters wat baie beter beskryf hoe ek voel. Maar ek wil dit nie hier gebruik nie. Daar is vandag tien elande van hierdie plaas af - en net twee en 'n derde van hulle gaan betaal word! Ek is skielik nie meer baie lus om te jag nie. Is die slegte geluk dan nou weer terug? Maar, partykeer gebeur wonderwerke nog, en hierdie storie het darem op die ou end 'n gelukkige einde.

Maandagoggend sien Elias, Neels se handlanger cum voorman op die plaas vier van die elande op en af langs die draad hardloop - aan Deon se kant van die draad. Hy laat die draad plat lê en kry dit wonder bo wonder reg om die vier elande terug te kry. Neels bel weer vir Deon - Deon sê sy mense het die spore gesien, maar hulle kon nie volgens die spore sien presies hoeveel elande in sy plaas in is nie. Neels vertel hom van die vier elande wat terug is.

Dan, die volgende goeie ding wat gebeur: Deon vertel vir Neels dat die regering sy grond gaan uitkoop en dat hulle ook sy wild gaan laat tel en uitbetaal. Wanneer dit gebeur, sal hy op sy beurt weer vir Neels uitbetaal.

'n Paar maande later het Deon die drie elande se geld vir Neels betaal!

Die dag toe Danwilh in die nes ingeloop het

Partyslae is die veld net nie lekker vir jag nie. Byvoorbeeld as dit buitensporig ysig koud is, of as die wind buitensporig erg waai - in albei gevalle kruip die wild dan op beskutte plekke weg en jy sien niks. Net so is dit as dit kort tevore baie gereën het sodat alles groen is en daar oral water in die veld staan. Dan beweeg die diere nie baie rond nie, want daar is genoeg kos, water en skuiling net daar waar hulle is. Die ou mense het altyd as die veld só lyk gesê dat die wild almal hemel toe is, want dan sien jy niks.

Die punt van alles wat ek hierbo gesê het, is dat jy met sulke tye doodeenvoudig omtrent niks in die bos sien nie. Jy loop jou malle verstand af, of jy ry met die bakkie of jy gaan sit later by die dam - nie om te jag nie, net om te kyk of die plaaseienaar nie dalk skelmpies al die wild verkoop het vandat jy laas hier was nie. Maar daar is bôggerol. En voor julle beterweters wat my al lank ken nou weer iets te sê het - dis op sulke geleenthede nie net *ek* wat niks sien nie, maar die ander ouens ook. So spaar maar julle sarkastiese aanmerkings oor my jagvermoëns.

Ek kon nog nooit die storie van die meriete al dan nie van volmaan jag of anders donkermaan jag bewys nie. Ek weet 'n ou soos Wallie beplan al sy jagte vir donkermaan of sekelmaan. Maar baie gesoute jagters glo mens moet maar net jou jagtye by die maan stande aanpas. Ons almal weet dat wild met volmaan in die nag ook wei, dus hou hulle in die oggende vroeër op wei, maar dan begin hulle in die namiddag ook weer vroeër beweeg. Of dat hulle donkermaan baie later in die oggende nog wei.

Maar hierdie storie het niks met die maan te doen nie, nee, dit was een van daardie naweke van wegkruipertjie speel van die wild se kant af. Ek kan net nie mooi onthou watter een van die drie wegkruip redes nou eintlik die oorsaak was nie.

Ek en Danwilh jag weer die naweek op *Vrienden*. Leon van der Vyver gaan weer saam - om kos te maak, hy jag nie. Maar ek het al agtergekom die kosmaak gebeur nie altyd as hy op spoed raak met sy kaste bier wat hy saamvat nie. Moenie my verkeerd verstaan nie - Leon drink baie bier, maar jy sal hom nooit dronk sien nie! Maar as hy so lekker kuier, wil hy nie altyd gepla wees met kosmaak nie.

Die Saterdag 'n week voordat ons gaan jag ry ek en Danwilh skietbaan toe en gaan skiet 'n hele klomp skote. Eers oor die skiettafel om die gewere te toets, en daarna uit verskeie posisies om die skut te laat oefening kry - en natuurlik om ons koppe reg te kry. Danwilh skiet soos gewoonlik 'n hele paar skote uit die vuis uit, van die 50 meter merk af sowel as van die 100 meter skietpunt.

Goed skiet in die veld het omtrent alles te doen met selfvertroue, wat weer alles te doen het met jou oefening op die skietbaan. Wanneer jy genoeg oefen op die skietbaan, skiet jy raak op die skietbaan. As jy *sien* dat jy raakskiet op die skietbaan, kry jy vertroue in jou eie skietvernuf en as jy vertroue het daarin, skiet jy net al beter - ook in die jagveld.

Ons ry gewoonlik met ons jagnaweke die Donderdagmiddag eenuur, wanneer Danwilh se etenstyd by die werk begin, van Tzaneen af weg. (Ek werk van die huis af, as ek moes kies sou ons al die Maandagoggend gery het!) Soms is daar Donderdagmiddag tyd om 'n draaitjie te loop as ons op die plaas aankom, ander kere, as jy dalk 'n paar vragmotors op die pad gekry het, is ons miskien te laat om 'n draai te loop. Dan ry ons maar op die plaas rond en kyk na spore of waar die wild rondbeweeg.

Wanneer ons hierdie Donderdagmiddag 'n draai deur die veld loop, sien nie ek of Danwilh enige wild nie.

Die volgende oggend begin ons ernstig jag. Maar die weer is rêrig mislik. Ek sien die ganse oggend niks nie, Danwilh ook nie. Nadat ons brunch geëet het, gaan ry ons 'n draai met die bakkie, maar ons sien steeds niks. Die middag as ons loop sien Danwilh darem blouwildebeeste, maar hy wil nie rêrig 'n blouwildebees skiet nie en kon ook nie rêrig 'n skoot inkry nie. Ek sien ook niks, hoor net iets weghardloop van my af in die ruie mopanies - dit klink of dit dalk koedoes kon wees.

Daardie aand is ons maar bietjie mismoedig, dit gebeur wel baie dat mens nie iets geskiet kry nie, maar die probleem is, *ons sien niks*!

"Hierdie bokke is almal op een plek," sê ek vir Danwilh, "ons moet net daardie nes kry! As jy die nes raakloop, gaan jy iets skiet."

Die volgende oggend laai Leon vir my en Danwilh altwee aan die oostelike kant van die plaas af - ek jag in die noordoostelike hoek, en Danwilh in die gebied suidwes van die groen tenk teen Ds. Fanie se stukkie grond. Hier rondom 10 uur hoor ek 'n skoot van Danwilh se kant af, en sommer nog twee skote bymekaar! "O, gaats," dink ek, "Danwilh het iets gekwes! Want al drie skote het geklap. Ek sit my radio aan. Ons loop gewoonlik met radio's, maar die radio's is af totdat ons iemand moet roep om ons te kom oplaai, maar ons sit dit ook aan as jy jou jagmaat hoor skiet, vir ingeval hy dalk hulp nodig mag hê.

'n Rukkie later roep Danwilh vir Leon oor die radio: "Jy moet kom met die voertuig!" Ek roep hom ook en sê ek is naby, ek kom ook soontoe.

Ek vra: "Het jy gekwes?"

"Ja," sê hy, "'n rooibok." Hy beduie vir my waar om hom te kry.

Ek stap na hom toe - dis nie te ver nie. Waar hy gesê het hy sal wees, lê daar 'n stomp in die pad, maar hy is nie daar nie. Dan kom Leon ook net daar aan met my Mahindra bakkie. Danwilh het hom gehoor stilhou en fluit vir ons om aan te dui waar hy is. Ons stap soontoe, en hier lê 'n reuse koedoebul en 'n rooibok langs mekaar!

"Ek is bly jy het die rooibok gekry - en dan het jy 'n koedoe ook geskiet!," sê ek.

"Nee" sê Danwilh, daar is nog 'n rooibok wat ek nie kry nie, dis hom wat ons moet soek.

"Wat!," sê ek, "hoe kry jy dit reg? Jou drie skote was dan sekondes uit mekaar uit!"

"Ja," sê Danwilh, en hy vertel ons die storie:

"Ek het 'n beweging in die mopanies gesien en toe ek nader kruip, sien ek dis 'n mooi rooibok ram, maar binne in die mopanies. Ek staan stadig op en vat dooierus oor 'n tak. Ek korrel mooi, en skiet! Die volgende oomblik lewe die bos! Ek sien iets links van my, dis 'n groot koedoebul! Ek sien net die kop, as ek op my tone staan. Maar redelik naby. Ek tel my geweer op, en so op my tone, skiet ek hom voor die kop. Hy val net daar. Dan is daar nog 'n beweging, dis 'n rooibok ooitjie, en sy staan doodstil net hier naby my. Ek skiet haar, ook uit die vuis uit, 'n perfekte skoot op die blad, en daar lê sy! Alles was oor in 'n paar sekondes." Danwilh het sowaar in daardie nes ingeloop waarvan ons gisteraand gepraat het!

"Nou watter rooibok is dan weg?" vra Leon.

"Die eerste een, die een waar ek dooierus gevat het!"

Nou ja, ons het wragtig gesoek na daardie eerste rooibok, selfs naderhand vir Elias ook gaan haal, maar ons kon hom nooit kry nie. Die koedoebul was die swaarste koedoe wat nog ooit op *Vrienden* geskiet is, dit het oor die 220 kilogram uitgeslag. Maar die beste nuus was dat die langste horing 'n kwart duim minder gemeet het as wat Neels se minimum vir sy duurder koedoes was. As dit 'n kwart duim langer was, moes Danwilh baie meer betaal! Dit was nou waarlik die perfekte biltongkoedoe!

Nou wil ek net by ander meer ervare jagters raad vra: dink julle Danwilh moet dalk eerder sy dooierus houding op die skietbaan oefen as sy uit die vuis uit houding? Net vir daardie eerste skoot ingeval hy weer in so 'n nes inloop?

Die pyp wat in die Kalahari weggeraak het

André le Grange het nou al hierdie storie oor my pyp wat in die Kalahari weggeraak het, 'n keer of wat op 'n funksie vertel. Maar, al kan ek nou nie uit en uit sê dat hy hier en daar gelieg het nie, moet ek darem sê dat hy en die waarheid so plek-plek in sy storie langs mekaar geloop het - hulle het wel in dieselfde rigting geloop, maar kol-kol parallel aan mekaar. Daarom dat ek nou maar verplig is om dit self ook hier neer te skryf, sodat diegene wat die storie dalk later gaan oorvertel, darem die regte weergawe van die storie sal onthou.

Ek het altyd gesê dat 'n ou wat heeldag met 'n rekenaar werk soos ek, *moet* rook - ek meen, wat maak die ouens wat nie rook nie as jy 'n funksie van 'n sagteware program aan die gang sit en jy moet wag totdat dit klaar hardloop voor jy kan aangaan? Of die manne wat graag op die Internet kuier en 'n youtube video wil kyk, wat maak hulle as hulle nou eers moet sit en wag dat dit eers aflaai?

Dis sulke tye dat jy jou pyp opsteek en rustig twee of drie trekke rook totdat jy weer kan aangaan. Maar nou moet ek darem ook erken, daar was al 'n paar kere wat die einste pyp en twak my baie laat soek het, partyslae laat ver loop het ook. Daar was byvoorbeeld die keer toe ek en Danwilh op die plaas Grootfontein gejag het en ek seker 'n kilometer op my spoor moes terugloop na waar ek laas gerook het, om my twaksak wat ek daar vergeet het, te gaan haal.

'n Ander keer weer, het ek en André le Grange op Willie du Plessis se plaas anderkant Letsitele in die Harmonieblok gaan jag, en op 'n pragtige plek bo-op die bergrant gekamp, waar jy wyd oor die laeveld se bosveld kon uitkyk. Die eerste aand het Willie se seun Pieter ons kom haal vir 'n nagrit. Ek het agter op die kant van die Landrover gesit, en iewers langs die pad het my Keyser pyp se steel uit my sak geval. Die volgende oggend het ek vir André gesê: "Kom, nou gaan ons my pyp se steel soek!"

"Is jy mal?," sê André, "waar op hierdie grote plaas gaan jy so 'n klein dingetjie soek?."

"Ek gaan sy spoor vat!" André kyk my aan asof hy dink ek het nie al my varkies op hok nie. Maar hy weet nie dat jy nie meer maklik Keyser pypstele te koop kry nie, en as jy dit kry, kos dit amper net soveel soos 'n nuwe pyp!

Ek sê vir André: "Dit sal eintlik maklik wees om die steel te kry, ek weet min of meer waar ek laas gerook het. Ek het op die kant van die voertuig gesit en dit het net uit my sak geval, so ons ry net soos ons gisteraand gery het en kyk net baie fyn reg op die kant van die paadjie - net aan die regterkant, en ons *moet* dit sien!" En dit was ook net so - nadat ons omtrent 'n kilometer op die vorige aand se spoor gery het, het ons dit dadelik gesien waar dit op die kant van die paadjie lê!

Maar hierdie storie gaan eintlik oor die slag toe ek my pyp in die Kalahari verloor het, en kyk nou waar trek ek al met die storie sonder dat ek nog enigiets oor die Kalahari gesê het!

Dit was die keer toe ek en Karl Osmers, Daan Roux en sy gesin, en André le Grange in die Kalahari gaan jag het. Oor die rooihartbeeste wat ek en Karl gejag het en die gemsbokbul wat ek baie lekker op die voet gejag het, het ek in my vorige boek iewers van vertel - oor die gemsbok wat Daan gekwes het, nog nie.

Dis by hierdie gemsbok van Daan waar die hele storie met die pyp begin het. Nou weet ek nie wat dit is met Daan en die Kalahari gemsbokke nie. In my vorige boek het ek in 'n ander storie oor ons eerste Kalahari jag, vertel van 'n ander gemsbok wat hy ook gekwes het.

Ek kan dit nie verstaan nie, Daan het al letterlik honderde ander bokke in sy lewe gejag, seker duisende as jy die bokke wat hy tydens wild-oes operasies geskiet het, bytel. En ek kan kategories verklaar dat hy al baie kleiner bokkies as gemsbokke raakgeskiet het - selfs in die Kalahari! Maar in die Kalahari lyk dit my sukkel my ou vriend nogal om 'n gemsbok met die eerste skoot dood te kry.

So was dit ook in hierdie storie - Daan het 'n gemsbok gekwes, en terwyl ek en André by die bakkie (Karl se dubbelkajuit 4x4 bakkie) wag, vat Karl, Daan en sy kinders die gemsbok se spoor tot by 'n duin se voet. Ons sien hoe hulle stop en met hulle koppe bymekaar iets bespreek. Karl, Mart-Marié en Gerrit bly op die spoor staan terwyl Daan terugloop na ons toe.

"Die gemsbokke staan waarskynlik net agter daardie duin in die hoek van die kamp," sê Daan. Ons weet dat die hek in die hoek van hierdie kamp net agter daardie duin lê. Gemsbokke spring nie oor 'n draad nie en, behalwe as daar 'n gat onderdeur die draad is, kruip hulle ook nie sommer maklik onder die draad deur as hulle nie gejaag word nie, veral nie as die onderste draad so styf gespan is soos hier nie.

"Loop jy en André tot so 'n honderd meter van die duin af en 'n entjie weg van die draad af, dan lê julle daar plat agter die gras of bossies sodat die gemsbokke julle nie kan sien nie," gaan Daan verder. "Ons gaan tot bo op die duin kruip en oorloer om te kyk of die gekweste gemsbok dalk in die troppie is. As hulle dan langs die lyndraad afkom na hierdie kant toe, kan julle die gekweste een doodskiet."

So gesê, so gedaan. Ek en André loop lyndraad toe - ek sien daar staan 'n witgat met 'n dikkerige stam waaronder daar bossies groei en ek kruip daar in - hier kan ek lekker sit en kyk sonder om gesien te word - en ek het dooierus as ek moet skiet. André gaan lê 'n entjie verder in 'n kol langerige wit gras - dit lyk my hy maak reg om bed toe te gaan! Ek sien hoe Karl, Gerrit, Mart-Marié en Daan die laaste entjie voor die kruin van die duin, op hulle mae opseil.

Hoe lank hulle daar oor die duin met die verkykers lê en loer het, weet ek nie - maar ek het my pyp seker drie keer opgesteek en André het een of twee keer sy lê verander en toe heeltemal weggeraak in die gras. Dan sien ek Daan wink my om nader te kom. Ek vat my geweer, loop duin toe en kry vir Daan halfpad teen die duin op.

"Ons kan nie die gekweste een sien nie," fluister hy saggies, "jy moet maar kom help kyk." Ons seil weer die laaste stukkie van die duin op, en kyk. Maar dit lyk amper asof daar nou te veel koppe vir 'n gemsbok se gemoedsrus oor die duin loer, want voordat ek nog behoorlik kan kyk, maal hulle 'n slag rond en draf dan teen die ander kampdraad op - nie na André se kant toe nie.

Ons loop terug bakkie toe, roep vir André en ry in die straat langs die duin op - die gemsbokke hardloop aan die anderkant van die duin teen die kampdraad. Af en toe langs die pad seil Daan teen die duin op en loer oor. Omtrent halfpad van hierdie kamp se lengte, laai hulle my af en sê ek moet op die duin wag vir ingeval die gemsbokke omdraai en terug hardloop. Hulle sal vir André 'n entjie verder aflaai en dan tot teen die anderkant van die kamp ry.

   Ek gaan sit rustig agter 'n struik, haal my pyp uit ... waar is my pyp? ek soek my sakke deur - vier keer - maar geen pyp! Demmit! Die ding lê natuurlik daar waar ek netnou gesit het! Hoe gaan ek nou die tyd omkry? En dis hier waar ek vermoed een plek is waar André se weergawe van die storie so effens parallel loop aan die waarheid. Want hy sê dat ek met my jagpermit 'n zol gedraai het. Die probleem is, ek kan hom nie heeltemal verkeerd bewys nie, want dis waar dat ek 'n zol gedraai het, maar ek kan om die dood nie dink aan enige ander papier wat ek by my kon gehad het om wel 'n zol mee te draai nie! So, kom ons gee vir André so halfpad gelyk en sê dan maar dat ek 'n stuk van die permit waarop daar nie geskryf is nie, afgeskeur het om 'n zol mee te draai! *Maar darem nie die hele permit nie!*

   Die probleem met 'n zol is, dis moeilik om soos met 'n pyp, net 'n paar trekke te vat en dan neer te sit. Nee, jy moet sommer 'n paar kere aansteek en dan lyk dit of dit net die papier is wat brand en nie die twak nie, en dit word al korter. Die aansteekslag gebruik 'n langer stuk van die zol as die rookslag - seker dubbeld so lank, en daar is groot onsekerheid *presies* hoe lank hierdie zol sal moet hou totdat hulle my kom oplaai! En dit is toe ook so dat, ten spyte van baie noukeurige beplanning van bogenoemde, en nog meer presiese berekeninge en vooruitskatting, die zol nogtans op is lank voordat hulle my ná donker kom oplaai. Trouens, die laaste rokie wat ek uit die zol kon uitkry, het suspisieus baie na vleis geproe. Miskien het my gepynigde duim en wysvinger iets daarmee te doen gehad!

Toe Karl met die bakkie stilhou, vra ek nie eers uit oor die gemsbok nie, nee, my eerste woorde is: "Karl, jy moet asseblief daar by die hek stop sodat ek my pyp kan gaan haal."

"Waar is jou pyp?" vra Karl.

"Hy lê daar onder die boom waar ek gesit het terwyl julle die gemsbokke oor die duin dopgehou het," antwoord ek.

"Maar jy is seker lekker laf om te dink jy gaan dit in die donker weer kry!," sê Karl, "ons ry nou huis toe, dis al laat en dis nog baie ver kamp toe!"

"Karl," sê ek "ek weet presies waar lê die pyp, jy kan net stop en ek sal gou hardloop en dit gaan kry en terugkom - dit sal net vyf minute vat."

"In die nag, in hierdie grote Kalahari, en dit sonder 'n flits? Jy sal dit nooit kry nie," sê Karl.

Die ander manne begin nou beaam wat Karl sê, en ek hoor ook goed soos "die vrouens is al seker bekommerd" en "ons moet nog kos maak" en so aan.

Ek probeer hulle redelikheid laat verstaan: "Dis 'n Keyser pyp, as ek daardie pyp moet vervang, sal dit my oor 'n duisend rand kos!" Maar die klomp wil niks weet nie, hulle wil nou net kamp toe - dis soos die geleerdes sou sê, 'n unanieme koor van teenkanting. Mens sou sweer die hele klomp het vrouens by die kamp, nie net Daan nie.

Maar gelukkig ken ek vir Karl darem ook nie van vandag af nie. Ek weet hoe om sy kop geswaai te kry - maar ek moet dit gou swaai, want ons sien al die hek. Karl kan dit net nie regkry om vir iemand uit te trap of met hom kwaai te wees nie - hy sal met iemand vir wie hy wil uittrap, so óm 'n draai praat om dit reg te kry dat die ou op die ou end dink Karl is besig om hom te prys. Net so kan Karl dit geheel en al nie verdra dat een van sy vriende vir hom moet kwaad wees of moet dink dat Karl hom te na gekom het nie. Daarom gebruik ek 'n totaal ander aanslag. Ek trek my gesig op 'n vreeslike frons, verhef my stem so 'n toonhoogte of wat, en sê: "Nou maar los dit dan! Los dit net! Ry dan maar kamp toe as julle wil!" Ek draai my net so effens skeef weg van hom af in my sitplek.

Dit werk oombliklik, en ook net betyds, want ons is net by die duin.

"Nou waar moet ek stop?" vra hy, en selfs in die donker kan ek die martelaarsuitdrukking op sy gesig sien.

"Om tyd te spaar, ry sommer net tot bo-op hierdie duin dan stop julle daar."

Karl maak so en ek klim uit. Ek sien die manne skuif in hulle sitplekke en maak reg vir 'n lang sit. Ek hoor selfs 'n sug of twee.

En loop teen die duin af en onder gaan staan ek 'n oomblik om te oriënteer. Dit is nie heeltemal pikdonker nie - mens kan darem nog die boompies onderskei. Dit moet omtrent dáár wees - ek loop nader en herken dadelik die witgat boompie met die dikker stam - soos ek geweet het ek sou. Maar al sou ek dit nie dadelik kon herken nie, het ek ook nog 'n plan B gehad - ek sou die wit graskol waar André gelê het, met die gras wat lyk asof daar drie wildebeeste in gerol het, maklik kon herken in die donker en van daar af die boompie kon kry.

Maar dit is nie nodig nie - ek loop reguit na die boompie toe, en onder die bossie teen die stam trek ek 'n vuurhoutjie, tel my pyp op, vat gou eers 'n trek, en loop dan terug bakkie toe. Party ouens is nog nie eers klaar gewoel om hulle sit reg te kry vir die lang wag nie, toe klim ek al in die bakkie in.

Karl sê: "En nou, as jy so gou terug is, het jy gesien hoe onmoontlik dit sal wees om in die nag in die Kalahari sonder 'n flits 'n pyp te soek?" en hy draai die sleutel van die bakkie en begin in trurat teen die duin af ry.

Ek antwoord nie, haal in die donker my pyp uit my sak, en steek dit aan.

Weet jy hoe lekker was dit, om in die lig van daardie vuurhoutjie, die verbasing op die ouens se gesigte te sien!

As die omurambas loop

Die dag toe ek my laaste matriekvraestel klaar geskryf het, laai my pa my in die kar en ons ry na die Waterwese kantore naby ons, waar hulle besig was om die Tzaneen dam te bou. Op daardie stadium het Waterwese jong mense gesoek om te laat oplei as ingenieurs en tegnici - hulle het ook 'n beperkte aantal beurse gegee. Ek het dadelik werk gekry, maar nie 'n beurs nie. Ek kon elke vakansie werk en het dan onbetaalde verlof geneem om te studeer. Met die geld van hierdie vakansiewerk, het ek my studies betaal - my pa het van al die jare wat ek studeer het, my net een keer met een semester gehelp.

Ek is eers weermag toe, en daarna Tukkies toe waar ek vir ingenieurswese ingeskryf het. Maar ten spyte van die feit dat ek na twee jaar in Chemie 1A en 1B ses keer eksamen geskryf en gedop het en dus baie meer van chemie af moes geweet het as die ander eerstejaar studente wat dit net een keer gedoen het, wou die universiteit my nie langer daar laat studeer nie.

Ek het toe eers 'n jaar gewerk - die eerste ses maande in Pretoria en toe het ek 'n oorplasing gekry na die Hidrologie afdeling van Waterwese in Windhoek. Die volgende jaar skryf ek (van Suidwes af) by die Pretoria Technikon vir die

Ingenieursdiploma in. Die vakke wat ek wel by Tukkies geslaag het, soos wiskunde en fisika, het gemaak dat ek darem vrystelling kon kry van die eerste trimester van die ingenieursdiploma, en miskien omdat hierdie diploma nie die vak chemie ingesluit het nie, het ek baie goed deurgekom.

In al hierdie tyd van my studies, was ek nog steeds werknemer by Waterwese.

Nou sal die leser seker al wonder wat het hierdie lang relaas nou met omurambas te doen? Wel, bogenoemde het veroorsaak dat ek soms langer en soms vir korter tye in Windhoek moes gaan werk.

Een Desember vakansie wat ek daar moes gaan werk, kon ek nie dadelik verblyf kry nie - die tydperk wat ek daar sou wees, was te kort. Ek het ouboet Gerhard, wat daardie tyd naby Kalkveld vir Cyril Hurwitz geboer het, se Datsun bakkie met kappie op geleen, 'n matras (ook by hom en Annie geleen) agterin gegooi en vir seker twee weke daarin gebly. Na werk elke middag het ek by vriende gaan bad en dan 'n grondpad uit Windhoek geneem, 'n plek met 'n mooi uitsig gesoek, en die nag daar geslaap. Soos gewoonlik was ek toegerus met gasstofie, ketel en als wat jy nodig het om mee kos en koffie te maak.

Na hierdie twee weke, op ou kersdag middag, is ek met die bakkie op pad na ouboet hulle toe. Daar is twee paaie wat jy van Windhoek af kan vat

Kalkveld toe - die een, genoem die Bag-Bag pad, is 'n grondpad wat so 'n entjie noord van Okahandja links afdraai en verby die bekende dinosourus voetspore gaan tot op Kalkveld. Die ander pad is oor Otjiwarongo, waar jy dan weer moet suid ry Kalkveld toe - maar alles teerpad tot op Kalkveld. Dit is 'n heelwat langer pad as die Bag-Bag pad.

Voordat ek uit Windhoek wegry, bel ek eers vir Ouboet. Hy sê: "Jong, Santjie en Hester is baie opgewonde, hulle kan nie meer wag dat jy kom nie, so jy moenie te lank draai nie. Hulle sit al om die kersboom en is verskriklik opgewonde oor die persente wat uitgedeel gaan word." Santjie is my peetkind en ek is baie erg oor die twee dogtertjies, en hulle oor my.

"Ek gaan nou ry," sê ek, "hoe lyk die Bag-Bag pad?"

"Ek weet nie," sê Ouboet, "dit het baie gereën op plekke en dit reën nog steeds. Jy sal versigtig moet wees, as die omurambas loop moet jy maar liewer Otjiwarongo omry."

Nou vir diegene wat nie weet wat 'n omuramba is nie, dit is 'n droë rivierloop - daar is geen standhoudende riviere in die binneland van Suidwes nie. Die Visrivier in die suide loop party jare darem vir so nege maande van die jaar. Hierdie omurambas loop net as dit reën, en dan kan dit partykeer vir jou lelik onkant vang as dit skielik afkom wanneer dit stroomop iewers gereën het!

Toe ek noord van Okahandja by die Bag-Bag pad afdraai, stop ek eers. Dit reën liggies en die pad lyk nat. Moet ek die kans vat, of nie? Dis al amper skemer, en as ek Otjiwarongo moet omry, gaan daardie twee dogtertjies nog 'n halfuur of driekwart uur langer moet wag.

Ek besluit om die kans te vat. Ek sal kyk hoe die eerste omuramba lyk en dan besluit.

Die eerste omuramba loop, maar net so 'n ou blad watertjie. Ek ry verder. Die tweede omuramba het meer water in. Ek stop eers en loop deur. Dit lyk darem nie te diep nie en die bodem is vas. Ek ry deur. Maar ek is effens bekommerd - daar lê nog twee groot omurambas voor, moet ek nie maar liewer omdraai en Otjiwarongo om ry nie?

Die twee dogtertjies se opgewonde ogies wat ek in my verbeelding sien, laat my 'n verkeerde besluit neem - ek ry aan. Verbeel ek my, of begin dit effens harder reën? Ek ry bietjie vinniger, dit word laat! Dan is ek op die eerste diep omuramba - bietjies te vinnig teen die steil wal af, want ek kry eers gestop amper reg teen die water se kant. Dit loop sterk!

Dis wanneer ek uitklim dat ek sien ek het moeilikheid - *groot* moeilikheid! Ek sak amper tot by my knieë in die modder in. Ek kyk na die bakkie - dit lê tot op sy pens in die pap modder! Ek bekyk die omuramba - dit is 'n diep omuramba - die wal is heelwat hoër as die bakkie se dak. En dan skrik ek, want daar, op 'n hoogte seker 'n meter hoër as die bakkie se dak, sit daar baie vars opdrifsels, en dit reën nog steeds!

Ek wil-wil paniekerig begin word - dit is die eerste keer in my 24 jaar wat ek heeltemal stoksielalleen, met niemand by my om te help nie, in so 'n ernstige situasie beland. Dis nie eers my eie bakkie nie, al my goed en gewere is daar in, en die omuramba kan dalk enige oomblik weer afkom - net so hoog soos die opdrifsel merke, of dalk selfs hoër, wat die grond is versadig en dit hou nie op reën nie!

Ek steek 'n stok teen die waterkant in om te sien of die water besig is om te styg, en loop in die pad teen die steil wal uit. Ek loop 'n entjie met die pad terug, probeer onthou hoe ver terug op die pad ek laas 'n liggie gesien het, en besef dan dat ek glad nie kan onthou of ek enige liggie gesien het nie! Wat nou?

Hulle sê 'n mens ken jou nie rêrig self voordat jy stoksielalleen in 'n krisis beland nie. Sover ek myself nou al ken, is ek nie 'n praktiese mens nie - ja, ek kan goeie praktiese planne uitdink, maar ek weet tot nou toe was ek nie so goed met die praktiese uitvoering van hierdie planne nie! Ek is rêrig bang - wat gaan ek doen?

Dan, net daar, twintig tree van die wal van die omuramba af, waar ek op pad was na 'n liggie wat dalk nie bestaan nie, sak ek in die modder op my knieë neer en ek bid. Ek vra dat die Here my asseblief moet help, want ek weet rêrig nie wat om te doen nie, ek kan nie self uit hierdie situasie uitkom nie.

Wanneer ek opstaan, voel ek beter. Ek loop terug na die bakkie toe om te kyk wat ek kan doen. Ek stap eers water toe om te kyk of die water dalk gestyg het - dit lyk of die watervlak maar dieselfde gebly het. As dit weer hard gaan reën stroomop gaan dit in elk geval amper oomblikik styg, die huidige sagte reën laat dit darem nie styg nie.

Ek haal die domkrag agter die sitplek van die bakkie uit. Dit gaan nie help om die bakkie net te probeer opdomkrag nie, die domkrag gaan net eenvoudig in die modder wegsak. Maar wat sal dit in elk geval help om die bakkie op te domkrag - dit gaan tog net weer terugsak in die pap modder?

Ek maak die klap agter oop en sit die domkrag op die klap neer. Dan val my oog op die matras - een van die outydse binneveermatrasse - wat van as ek die bakkie kan opdomkrag en dan die matras onder die wiele indruk? Maar waar gaan ek dan heen ry? Agter die bakkie is 'n pappery modder, en dis nog steil opdraande ook. Hoe lyk dit voor? Ek stap na die voorkant van die bakkie - daar is so een meter stuk modder vanaf die voorwiele tot by die water, dit voel nie so diep modder as agter nie. Maar dan moet ek deur die water!

Ek stap deur die water - dis nie baie diep nie en die oppervlak onder die water is verbasend stewig en anderkant die water is daar nie pap modder nie - ek moet vorentoe! Ek stap weer terug en dra 'n groterige, platterige klip tot voor die agterwiel. Ek gaan lê plat op my maag in die modder ek krap die modder weg voor die agterwiel. Dit vloei weer terug, maar ek hou aan totdat die gat groot en diep genoeg is sodat die klip en die domkrag kan inpas.

Ek sit die domkrag op die klip neer en begin domkrag - al wat gebeur is dat ek die klip dieper in die modder in druk! Ek gaan soek nog 'n platterige klip, laat sak die domkrag, en sit die nuwe klip bo-op die oue. Dan sit ek weer die domkrag op - dit druk altwee klippe in die modder in as ek domkrag, maar nie so diep soos die eerste keer nie.

Ek dra nog 'n klip aan. Met drie klippe opmekaar begin die bakkie uit die modder lig. Maar ek moet maar weer afdomkrag en nog 'n klip insit voordat ek die wiele hoog genoeg bokant die modder kry sodat ek later die matras onder die wiele sal kan instoot.

Nou moet ek nog klippe aandra en dit agter die agterwiel op mekaar pak tot teen die bakkie se onderstel sodat ek die domkrag kan laat sak om dit by die ander wiele te kan gebruik. As ek die domkrag laat sak, druk die bakkie hierdie klippe weer in die modder in en moet ek weer begin.

Dit duur baie lank voordat ek op hierdie manier al vier wiele hoog genoeg in die lug op kan kry en dat die hele bakkie op vier hopies klippe staan sodat ek die matras onder die agterwiele in kan kry - dit gaan tot amper onder die voorwiele, maar nie heeltemal nie. Die matras is bietjie smal, maar elke agterwiel sal darem bietjie meer as 'n halwe bandbreedte op die matras loop. Ek soek agter in die bakkie - as ek net 'n seiltjie of iets gehad het! Ek vat my slaapsak en gooi dit onder die voorwiele oop. Dan dink ek aan iets, ek kyk in my kleresak en haal my jeans daaruit. Ek sit hierdie jeans vanaf die slaapsak tot by die water voor die een voorwiel. By die ander voorwiel het ek nie iets om neer te sit nie.

Ek bekyk my handewerk - nou ja, dis nou of nooit, ek gaan net een kans kry! Ek stoot die bakkie van agter af van die klippe af sodat die agterwiele nou op die matras rus en die voorwiele op die slaapsak. Dan moet ek eers die boonste klippe voor die wiele weer uitgrawe en weggooi.

Hierdie keer gaan kniel ek nie weer nie, ek bid sommer aanmekaar! Ek klim agter die stuur in, trek stadig weg en as ek voel ek beweeg en kry effens momentum, begin ek stadig vet gee, dan al vinniger en ry dan met 'n spoed deur die water en anderkant uit! Die bakkie pruttel so effens maar dit vrek darem nie. Dan sê ek eers mooi dankie vir die Here dat hy my gehelp het.

Nou loop ek deur die rivier terug en gaan haal die matras. Dis so swaar van die water en modder dat ek dit amper nie kan optel nie. Ek oorweeg dit 'n oomblik om dit daar te los, maar dra dit tog maar met 'n gesukkel tot by die bakkie en sit dit agter in. Ek is pootuit!

As ek verder ry, dink ek vir die eerste keer weer aan die twee dogtertjies. Ai, hulle slaap seker nou al lankal.

Ek ry verder, baie spyt dat ek so domastrant was om met hierdie pad te ry in plaas van Otjiwarongo om. Ek gaan taamlik laat op die plaas kom!

Nou val iets anders my by - daar is nog 'n groter omuramba vorentoe! Hierdie keer kyk ek mooi en nader dit versigtig. Ek stop bo-op die wal en loop af water toe. Ek staan verslae - hierdie omuramba het baie meer water en modder as die vorige een! Wat nou? Ek gaan verseker nie hier probeer deur ry nie, en ek gaan ook verseker nie weer probeer om deur die vorige omuramba te ry nie!

Taamlik bekaf ry ek maar 'n entjie terug tot bo op 'n hoogte, trek effens uit die pad uit en sluit af. Ek is redelik mistroostig: ek is nat, koud en vieslik vol modder - op Oukersaand, waar jy veronderstel is om vreugdevol saam met jou familie te verkeer! Die matras is nog erger nat en modderig as ek, so ek kan nie daarop slaap nie. My slaapsak ook. Ek probeer maar my lê voor in die bakkie kry, gooi van my klere bo-oor my en bring 'n miserabele, koue, nat nag voor in die bakkie deur - al is dit Desember, maak die reënweer en my nat klere dat ek baie koud kry.

Wanneer ek wakker word, skyn die son helder. Dis Kersfees. Ek gaan loop 'n draai en klim weer in die bakkie. Ek is so lus vir koffie ek kan iets oorkom, maar alhoewel ek koffie en 'n gasstofie in die bakkie het, het ek nie water saamgebring nie. Ironies dat ek laasnag soveel probleme met water gehad het, maar ek het nie water om koffie te maak nie! Ek sou mos net gou plaas toe ry, dit is mos onnodig om water saam te vat - so het ek in Windhoek gedink voor ek gery het.

Ek draai om en ry weer Kalkveld se kant toe en stop weer bo-op die groot omuramba se wal soos gisteraand. Dan stap ek af water toe - die water het bietjie gesak, maar dit lyk amper asof daar baie meer modder hier as by die vorige omuramba is. Dit is ook heelwat breër en dieper as die ander omuramba. Ek draai om, terug na gisteraand se Rubicon toe. Ek stop weer bo-op die wal en loop af. Hierdie omuramba se water het heelwat meer gesak as die ander een. Ek stap deur die water en kyk effens bitter na die merke in die modder waar ek gisteraand so gespook het.

Maar dit lyk rêrig of hierdie 'n beter opsie is om te probeer deurgaan - met die water wat so baie gesak het, sal ek met 'n redelike spoed hier kan deurjaag, sodat my momentum my kan deurdra deur die modder - wat bietjie droër lyk as gisteraand. Ek dra 'n paar klippe van gisteraand, wat in my pad kan wees, uit en gooi dit uit die pad.

Nou ja, hier gaan ons! Ek klim in die bakkie, stoot 'n ent terug, dan in eerste rat en gee vet dat die enjin sommer so sing! Ek ry dwarsdeur die rivier dat die water met twee boë langs die bakkie wegspat - dwarsdeur die modder tot op die harde grond anderkant!

Dan ry ek soos 'n verstandige mens tot by die teerpad, draai links en ry oor Otjiwarongo na Kalkveld toe, waar vier teleurgestelde mense seker op my wag.

Om kampvure in die Namib

'n Boek oor die ver plekke sonder 'n storie oor die Namib daarin sal maar taamlik kalerig wees, mens kan maar sê net half aangetrek, soos party van die vroulike filmsterre wat deesdae sommer vergeet om die boonste helfte van hulle klere aan te trek voor hulle dorp toe gaan. Veral as mens al om honderde kampvure in hierdie wonderlike wêreld gesit het - baie daarvan stoksielalleen. En dit net omdat mens nie vreeslike lang stories het om daaroor te vertel nie. Kort flardes van onthou is daar honderde van, maar dis mos nie reg as die manne om die kampvuur begin regskuif in hulle stoele vir 'n lekker lang storie, en voor die ys nog eers begin smelt het in hulle glasies, is die storie al verby nie.

Maar anders as om 'n kampvuur, kan mens dalk in 'n boek daarmee wegkom, want jy kan miskien 'n paar van hierdie vonkies wat van die vuur af opskiet, in een hoofstuk bymekaar bind.

Praat van die Namib, en baie mense dink onmiddelik aan duine en geen water nie. Maar dis maar net een deel van die Namib waar daar net duine is. Nee, daar is die klipperige Namib, soos daar rondom die Kuiseb rivier, waar Henno Martin en Herman Korn vir twee en 'n half jaar gelewe het tydens die tweede wêreld oorlog, dan is daar ook die plat Namib, van Swakopmund af tot noord van

Hentiesbaai in die Omaruru delta, waar ek nege maande lank in 'n tent gestaan het. Daar is ook die Seekus van die dood en die westelike deel van die Kaokoveld, waar jy 'n kombinasie van al drie bogenoemde tipes kry, en ja, dan is daar ook plekke waar daar net duine is.

Ek was baie bevoorreg om in al die verskillende dele van die Namib te werk - die ashope van my kampvuurtjies lê wyd in daardie ver plekke. 'n Besondere belewenis vir my was die keer toe ons dieselfde paadjie, as mens dit 'n pad kan noem, gery het wat Henno Martin en Herman Korn gery het toe hulle aanvanklik na die Namib toe gevlug het.

Hierdie paadjie draai by Karibib uit die teerpad en ry dan deur die berge en 'n wye vlakte en dan weer berge tot in die Kuiseb rivier. Langs hierdie pad het ons 'n baie besondere plant gesien - seker die oudste en grootste Welwitschia wat bekend is aan die mens.

As daar enige leser is wat dalk 'n leemte in hulle opvoeding het, kan hulle hierdie tekort baie maklik regstel deur Dr. Henno Martin se besonderse boek *Vlug in die Namib* te lees, waarin hierdie twee mense se uitsonderlike avontuur beskryf word.

Toe ek by die Hidrologie afdeling van die Departement van Waterwese in die destydse Suidwes Afrika begin werk het, is ek vir nege maande lank na die Omaruru delta gestuur, net noord van Hentiesbaai in die plat Namib, waar boorkontrakteurs 'n reeks boorgate geboor het wat later vir die Rössing uraanmyn van water sou voorsien - natuurlik vir die dorp Hentiesbaai ook.

My werk by hierdie boorkontrak was om elke boorgat wat klaar geboor is, se water lewering te toets, en dan 'n verslag oor die geskiktheid al dan nie om hierdie boorgat te kan gebruik, te skryf.

Ek het die watervlak tydens die toetspomp periode gemeet - aanvanklik elke paar minute, dan later elke uur en later net elke 6 ure.

Omdat ek meer 'n nagmens was, het ek my verslae altyd in die nag geskryf, omdat ek in elk geval wakker gebly het tot die middernag lesing. Dit het my met baie tyd gelaat tussen lesings gedurende die dag vir dinge wat rêrig vir my saak gemaak het - visvang, in die woestyn uitry ensovoorts. Dikwels was ek stoksielalleen by so 'n boorgat, wanneer die kontrakteur geskuif het na die volgende gat wat geboor moes word.

Ek het dag en nag net 'n swembroek gedra, sonder skoene. Dit was my werkdrag en ek was so swart gebrand van die son dat ek in daardie apartheidsjare waarskynlik weggejaag sou word by die stembus.

In die vroeg-aande was dit my spesiale tyd - dan het ek om my vuurtjie gesit met my koffieketeltjie en 'n pruttende swart driebeenpotjie en gekyk na daardie sterre. Op 'n skoon aand, wanneer daar nie mis van die see af was nie, het die sterre so helder en naby gelyk dat jy jou hand wou uitsteek en dit pluk. Dan was dit helder genoeg buite sodat ek oral in die veld kon rondloop sonder 'n flits. Wanneer dit volmaan was, kon jy by die lig daarvan koerant lees. (ek lieg nie, ek het dit probeer om te sien of jy kan).

Maar daar is seker lesers wat sal begin verveeld raak as ek nie darem een storie oor die Namib ook vertel nie, al is dit dan nou ook 'n kort storietjie. Nou goed, hier gaan ons.

Net noord van Hentiesbaai is die mond van die Omaruru rivier. Die rivier is nogal taamlik diep uitgevreet in die Namib sand - die verskil tussen die rivierbodem en die bokant van die oewer is omtrent 12 meter. Deur hierdie rivier was 'n kortpaadjie vanaf Hentiesbaai af na ons kamp by die boorgate. Die bodemwydte van die rivier hier, is seker meer as 300 meter. Die walle is baie steil. In die begin het ek 'n 4x4 bakkie gehad om mee te ry, en ek was die eerste keer dat ek daar moes deur ry, bitter bang om daar af en anderkant op te ry - ek was bang ek sou met 4x4 en al vassit teen die wal, en hoe maak jy dan, so halfpad teen die wal op? Want hierdie paadjie het nie reguit teen die wal op en af gegaan nie, dit het gekronkel teen die walle uit.

Die groot soutpad (wat soos 'n teerpad werk en lyk), het natuurlik so een en 'n half kilometer van die see af geloop, met 'n heel begaanbare oorgang oor die rivier, wat jy kon ry as jy wou ompad ry.

Maar mettertyd leer mens hoe om sand te ry, soveel so dat Waterwese vir my naderhand 'n lang bak Datsun bakkie (Toe Nissan nog Datsun genoem was) gegee het om mee te ry, wat net tweewiel aandrywing was. Ek het hierdie bakkie se bande *baie* pap afgeblaas (soveel so dat die "valve" van die binneband, soms in die wiel ingetrek het. Dan kon ek nie die bande hard pomp vir teerpad ry nie en moes ek eers 'n gaatjie in die binneband steek sodat dit kan afblaas, die wiel afhaal en die binneband lap, die "valve" dan weer deur sy gaatjie steek en die wiele weer oppomp om Windhoek toe te kan ry).

Met hierdie bakkie met die pap bande, het ek dan oral in die Namib sand rondgery. Ek het daardie einste Omaruru riviermond minstens een keer 'n week met hierdie bakkie deurgery - selfs eenkeer tydens 'n oostewind, wanneer die sand so warm en droog word dat die sandkorreltjies los van mekaar af is en jy oral vassit.

Ek het normaalweg net gesorg dat ek een van daardie sterk boormanne saamgery het, want dit het 'n keer of twee gebeur dat ek die bakkie se bak in die lug opgehang het as ek oor een van die brakbos duintjies wou ry, sodat altwee agterwiele in die lug gehang het. Dan het die boorman uitgeklim en eenvoudig die bakkie agter opgetel en dit langs die brakbos neergesit, sodat ons weer kon ry!

Een keer, toe ek die Maandagoggend vroegerig van Windhoek af kom, het ek van ver af al motors gesien staan waar die soutpad oor die Omaruru rivier gaan. Toe ek daar stilhou, sien ek dat die rivier afgekom het en dat daar heelwat motors weerskante van die rivier staan. "Is die pad weggespoel dat julle nie deur ry nie?" vra ek vir een van die manne.

"Ja, omdat die pad hard is onder, het die rivier 'n stuk daarvan uitgebreek, daar is nou 'n diep sloot. Die manne oorkant het gisteraand in hulle motors geslaap, ons kon darem in Henties gaan slaap."

Wat nou? Meeste van die bakkies aan die oorkant van die rivier is vierwielaangedrewe, as hulle nie eers kon deur nie, watter kans het ek met my Datsun bakkie?

Matthew Shepperson, 'n vriend van my wat by Geohidrologie gewerk het en die geologiese sy van die boorgate hanteer het, het saam met my gery van Windhoek af. Hy het al oral deur Suidwes gewerk en ken van vol riviere.

"Kom ons blaas die bande af," sê hy.

"Om wat te doen?" vra ek.

"Jy sal sien."

Ons lugdrukmeter is in ponde gekalibreer - ons blaas die bande af totdat dit 16 pond per vierkante duim wys. Die manne van duskant en oorkant die rivier hou hierdie twee manne met die Datsun bakkie dop - hulle verstaan nie wat aangaan nie.

"Goed," sê Matthew, "draai nou hier links af en ry parallel met die rivier." Ons ry 'n ent langs die rivier af deur die sand, en waar die sand effens vaster lyk, beveel Matthew my om te stop. Hy breek 'n paar stewige stokke uit die opdrifsels uit en beveel my om dieselfde te doen. Hy begin in die water inloop, en wys my om omtrent 'n bakkie breedte stroomaf van hom te loop. "Voel met jou voete vir vaste plekke onder die water," beveel hy my "en as jy voel dat die bodem nie stewig is nie, sê jy vir my." Hier waar die rivier net effens breër is en daar nie 'n harde pad was wat die water kon breek nie, is dit verbasend vlak, en die belangrikste - daar is geen slote nie.

So het ons daardie dag vir ons 'n pad met die stokke uitgesteek deur die rivier. Daar was nie baie kronkels nie, daar was maar een plek waar dit los was onder voet, en waar ons paaltjies 'n boog stroomop moes maak. Toe ons deur die rivier was, het ons teruggeloop na die bakkie toe, Matthew met die terugloop, aan die kant waar ek soontoe geloop het - hy wou seker hierdie groentjie se werk kontroleer! Maar hierdie groentjie het ten minste 'n uiters belangrike tegniek geleer, wat hy later op baie van die ver plekke met sukses toegepas het!

Terug by die bakkie het ons ingeklim en Matthew het nog een laaste opdrag gegee: "Nou ry jy tot by die water, en as die enjin se toere hoog genoeg is, skakel jy oor tweede rat toe en hou die enjin se toere net hoog genoeg dat jy heeltyd momentum het en sodat die bakkie nie moet vrek nie. Hou net tussen die stokke en moenie te vinnig probeer ry nie!"

Ek het geluister, en ons het rustig deur die rivier gery anderkant uit. In een kol dik sand op die anderkantste oewer wou ons vassit, maar ek het 'n ent terug gestoot om 'n spoor te trap, en ons is daar deur. Toe ons weer in die soutpad indraai en verby die 4x4 manne ry, wat ons netnou van oorkant die water dopgehou het en die vorige nag in hulle bakkies geslaap het, is daar duidelike verbasing en ongeloof op hulle gesigte te sien.

En het ek nie lekker gekry daaroor nie!

Agter-die-berg

Agter-die-berg - dis hoe ons manne hier rond antwoord as ons gevra word waar jy gaan jag. Maar dit is seker so dat ander mense wat nie van ons wêreld is nie, dalk sal wonder *watter* berg ons nou eintlik van praat?

Daar is maar net een plek in Suid Afrika wat rêrig as jagplek iets het wat min ander plekke het, en dis agter die Soutpansberg. Daar is net iets in daardie bosveld wat jy nie lekker in woorde kan beskryf nie - dis 'n *gevoel* wat jy op geen ander plek sal ervaar nie, behalwe miskien in die mopanieveld in die noorde van Suidwes - maar dan, dit is maar presies dieselfde wêreld. Suidwes se bosveld is net baie wyer, en baie verder - vrek ver van Tzaneen af!

Hoedspruit se laeveld mag miskien troppe buffels en ander grootwild hê, en pragtige bome, maar gaan vlieg bietjie oor daardie wêreld - dit lyk soos Johannesburg in die bos! Of ry bietjie deur daardie gebied en kyk na die ingangshekke van die wildsplase - en jy dink onmiddelik aan Houghton of Sandton.

Nee, agter die berg, *dis* waar jy gaan jag as jy ook die bosveld wil *ervaar* soos wat jagters dit miskien jare gelede ook ervaar het. Van my mooiste herinneringe is agter die berg gevorm.

Die eerste keer wat ek agter-die-berg gekuier het, was omtrent in 1967, toe ek saam met my ouers by my oom Niek van Schalkwyk, op die plaas *Oporto* gekuier het. Die volgende jaar ook saam met Karl Osmers en sy ouers, oom Boet en tannie Hennie, en my ouers, op hulle plaas *Cohen*, so twee plase van Oporto af.

Vir 'n man wat P.J. Schoeman, Sangiro en Doc Immelman se boeke verslind het amper vandat hy kon lees, was dit asof ek tuisgekom het. Daardie eerste besoek het gemaak dat ek net nie daar kon wegbly nie - tot vandag toe nog!

Hierdie storie is herinnerings uit die eerste paar van talle kere wat ons daar gaan uitspan het - ons het weliswaar op hierdie eerste "jagte" nie enige bokke of groter diere geskiet nie, maar telkens vir 'n paar dae gaan jag en soms gaan uitkamp, wat ek seker nooit sal vergeet nie.

Die eerste ding van *Cohen* wat ek onthou, is die inwonende spook wat in die badkamer tuisgegaan het. Sy naam was Johannes. Omdat ons vermoed het dat hy nie een van die aggressiewe soort spoke was nie omdat hy nog niemand rêrig kwaad aangedoen het nie, was ons nie so doodbang vir hom nie - wel taamlik respekvol skrikkerig. Die huis was redelik donker binne, selfs in die dag, want die sitkamer het net een venster gehad na die stoep toe met dik gordyne voor - dit het amper gedien as 'n gang wat die kombuis en badkamer met die slaapkamers verbind het. Hier het Karl een oggend toe dit buite net-net wou begin lig word, darem 'n deeglike skrik op die lyf geloop toe hy die spook ewe houtgerus in een van die sitkamerstoele sien sit. Terwyl hy nog dink wat mens in so 'n soort situasie behoort te doen - ek meen, stel jy jouself voor of hol jy - steek die spook sy pyp op en sien Karl met taamlike verligting dat dit my pa is wat in die stoel sit!

'n Ander keer het ek, Jopie en Karl ook alleen op *Cohen* gebly. Tannie Hennie het vir ons genoeg vleis gelos van 'n lekker vet boerbok wat oom Boet geslag het en mieliemeel vir pap het ons genoeg gehad. Maar ons was lus vir brood, en aangesien ons nog op skool was en nie 'n voertuig daar gehad het nie, besluit ons om saam met ou Frans op sy donkiekar Mopani toe te ry - die klein "dorpie" so 12 kilometer van *Cohen* se opstal af. Wanneer ons op die groot grondpad wat van Waterpoort af Mopani toe loop, indraai, ry ou Frans steeds maar op so 'n slapoor-swaaivoet-donkiepas voort. Sê ek naderhand vir Jopie: "Ek kan vinniger loop as wat hierdie donkiekar kan ry!"

"Nou toe, laat ons sien!" sê Karl. Ek klim af - nou ja goed, sien ek dadelik, die donkiekar kan darem bietjie vinniger ry as wat ek kan loop. Maar dan gee Frans die leisels so 'n skud en hy fluit op sy donkies. En daar trek hulle! Ek hol soos 'n vlakhaas agter hulle aan, naderhand volspoed - maar die donkiekarretjie raak sommer so klein daar voor!

"Stop!, stop!" skreeu ek met 'n hyg-asem. Maar watwo - dit spoor net vir Frans aan om nog meer vet te gee! En ek vermoed dat Jopie en Karl hom natuurlik nog aanhits ook.

Ek het nogal gedink ek is fiks, want dit was rugby seisoen, maar ek het naderhand glad nie meer asem gehad nie. Seker omdat ek heelpad volspoed gehardloop het. Ek kon hulle later glad nie meer sien nie.

Die boggers het my daardie dag bitter ver laat loop voor hulle gestop het, want hardloop kon ek toe lankal nie meer nie. Maar van toe af het ek my bek gehou oor 'n donkiekar se spoed!

Dan is daar die ander keer wat ons drie ook alleen op die plaas was vir 'n paar dae, wat ek tot vandag toe baie goed onthou, en wat my sommer laat verlang na daardie dae en die plaas. Ek was klaar met die weermag en eerste jaar op universiteit. Karl was in matriek en Jopie, my broer, in standerd nege.

Ek was die trotse eienaar van 'n tweede- of derdehandse 1100 cc Volkswagen beetle - die kleur so 'n blink blou wat mens laat sien het dat hy dalk in sy jong dae "metallic" blou was. Die nommer was TBC 55 - ek onthou dit, want toe ek die volksie 'n paar jaar later verkoop het, het die persoon wat dit gekoop het dit net vir een rede gekoop: sodat hy die registrasienommer kon hê om op sy nuwe Mercedes te kan sit! Die volksie self het hy sommer weggegooi!

   Ek, Jopie en Karl het met die Volksie opgery plaas toe, Oom Boet en tannie Hennie met hulle Isuzu bakkie. Nadat ons die naweek saam met oom Boet hulle op *Cohen* gekuier het, ry hulle die Sondagmiddag terug Tzaneen toe. Hulle los ons met 'n lekker rooibok lewer - verder sal ons self ons vleis voorsien. Ons is op pad *Oporto* toe en ons gaan sommer kortpad vat deur die argitek Hans Beetge se plaas *Stubbs & Mons*, soos oom Boet hulle altyd gedoen het.

   Ons ry tot in *Cohen* se noordwestelike hoek en deur die hek in *Stubbs & Mons* in. Ons ry rustig in die plaaspaadjie en geniet die bos om ons. Dan sien ek in die spieëltjie 'n groot gevaarte met 'n spoed van agter af aankom - dis 'n groot Ford bakkie, en die bestuurder gee vet! Ek ry ook vinniger want daar is nie verbykomplek vir die groot Ford in die bos nie - ek voel naderhand soos 'n onder-9 skrumskakel wat van agter af gejaag word deur 'n springbokspan vaskopstut - gereed vir 'n plettervat. Dit lyk 'n oomblik of sy bo-oor ons wil ry - want die bakkie is nou so naby dat Karl haar gesig kan eien. "Dis Hans

Beetge se vrou," sê Karl, en ek stop toe sy toeter druk.

"Wat soek julle op my plaas?" sê 'n ysige stem by my venster. "Toe, klim uit en praat!." Sjoe, maar dis 'n moeilike antie dié! Karl moet mooi verduidelik, en dit nogal vinnig ook, want sy is baie lus om ons "ek-weet-nie-wat-nie" aan te doen. Iets vreesliks, wat dit ook al is. Nadat Karl lank en vinnig gepraat het, is sy skynbaar tevrede - maar net halfpad, lyk dit vir ons, want sy ry agter ons aan totdat ons in die Kortdraai pad links draai na *Oporto* toe. Dan draai sy om en ry terug in die plaas in.

Op *Oporto* ry ons verby die plaasopstal en deur die Sandrivier - waar ons moet vet gee om deur die dik sand te kom. Ons ry tot by die mees westelike kamp se dam, waar dit so ruig is dat ons nie kan verder nie. Onder 'n paar groterige mopaniebome maak ons 'n mooi kampplek gelyk. Ons "tent" is 'n seil wat my ouma altyd oor haar Anglia karretjie getrek het.

Nou sal ek eers moet verduidelik, ter wille van die jonger lesers. In die ou tyd was daar heelwat motoreienaars wat nie motorhuise vir hulle motors gehad het nie. Nee, hulle het 'n seiltjie gehad wat mooi oor die motor gepas het en aan die agterkant toe was. Net so 'n seiltjie het my ouma gehad, wat ons daardie naweek vir 'n tent gebruik het. Ons het dit met toue tussen die bome oopgespan.

Ons kamptoerusting het verder bestaan uit twee driebeen ysterpotte, my blinkswart keteltjie, 'n blikbeker en bord vir elkeen plus mes, vurk en lepel. Ook mieliemeel, koffie, suiker, sout, peper en asyn en ook bietjie koekmeel om souse mee dik te maak. Ons beddegoed was 'n slaapsak vir elkeen.

Met ons kamp ingerig, het ons pap opgesit en Karl het vir ons 'n lewer met suursous gemaak - ons het nie op Sondag gejag nie.

"Het jy dit al voorheen gemaak, Karl?," vra ek.

"Nee, maar ek het al baie gekyk as my ma dit gemaak het."

Ek onthou tot vandag toe nog daardie lewer en suursous - dit was heerlik en ons het dit soos wolwe verslind - maar ek onthou ook dit was BAIE suur! Ek dink Karl het dalk bietjie ver van sy ma af gestaan en kyk toe *sy* dit gemaak het! Ek sou dit natuurlik nie vir hom sê nie, want dan sou ék dalk moes kosmaak - en ek het nog nooit gekyk as my ma kosmaak nie - nie eers van ver af nie!

Die volgend oggend het ons begin jag - ek met my oupa se Mauser .22 wat ek geërf het, en Karl met sy pa se .22. Jopie het met ons twee beurte gemaak met die gewere. Die wild: duiwe, fisante en tarentale.

Kry jy 'n lekkerder jag as dit? Daardie opwinding as jy vroegoggend op die wal van die sandrivier tussen die doringbos-struike voetjie vir voetjie loop en kort-kort gaan staan om te luister. Dan hoor jy die fyn pootjies oor die blare loop, en jy weet die fisant is net hier, maar jy kan hom net nie sien nie. Dan bekruip jy die geluid - seil op jou maag verder, stop kort-kort en loer en luister. Soms is jy gelukkig en kry 'n skoot, ander kere moet jy baie skielik soek na die regte kragwoord in jou nog ontoereikende vloekwoord woordeskat as die fisant amper onder jou voete met 'n skel geskreeu uitvlieg.

Of jy kry 'n skielike adrenalien inspuiting as jy die kruiwawiel "kom kyýyk kom kyýyk" van 'n tarentaal iewers in die kniehoogte gras hoor, of die tjiek-tjiek-tjiek geluid as hulle iets gewaar het. Om 'n tarentaal te bekruip, is nie maklik nie - daar is altyd een wat jou sien. Die duiwe was bietjie makliker, maar jy moes nogtans fyn skiet.

Maar ons het darem nie te sleg gejag nie, want ons het meer as genoeg fisante en duiwe in ons ysterpot gehad wat lekker stadig aan die prut was toe ons 'n kar hoor aankom. (Die tarentale is later heel, net skoongemaak, huis toe gevat). Dit was my oom Niek van Schalkwyk, wie se plaas dit was en my tannie Neelsie, en ook my ander oom en tannie, Oom Fred en tannie Johanna Osmers (Vic se pa en ma) wat kom kyk het waar ons kamp. Ons kon darem trots vir hulle koffie gee en spog met ons jagbuit in die driebeenpot.

Daardie fisante en duiwe in daardie driebeenpot - met die lang sousie daarby - en stywe pap! Jy kry nie lekkerder in die hele wêreld nie! Ons het ons omtrent ooreet daaraan die aand - en weer die volgende oggend.

Die pot is saam terug *Cohen* toe, en die inhoud saam Tzaneen toe, maar ongelukkig het die miere enige verdere eet daaraan by die huis, verhoed.

Hierdie was maklik een van my lekkerste jagte ooit! Hoekom kry mens nie meer tyd in die jagveld vir al hierdie lekker dinge nie?

Twee seuns, 'n hond en 'n boog

Toe die skool in Januarie 1959 begin, het ek pas 3 dae vroeër 6 jaar oud geword. Dit was my eerste skooldag en ek was in graad 1 ingedeel in juffrou Haar se klas in Tzaneen Laerskool. Die banke was in 'n reghoekige U vorm gepak, met haar lessenaar aan die oop kant van die U voor die swartbord. My sitplek daardie eerste dag was teen die muur verste van haar af, so 4 banke van die hoek af naaste aan die stoep. Voor my was 'n see van onbekende gesigte.

Maar wag, daar in die U se regterbeen wat langs die stoep opgaan, in die derde bank van die hoek af, was mos 'n gesig wat ek geken het! My ouers het 'n week of twee voor die tyd saam met sy ouers by hulle gemeenskaplike vriende gekuier en ek en hierdie seun het lekker saam gespeel. Voor die einde van ons eerste skooldag het ek en hy met ander kinders banke geruil totdat ons op die hoek van die U, langs mekaar gesit het.

Van daardie dag af was ek en Piet de Jager boesemvriende - tot vandag toe nog.

Deur die jare het ons saam kattekwaad aangevang, saam pak gekry daaroor, en saam baie avonture beleef. Die enigste keer in my lewe waar ek nog iets gebreek het, was toe ek by sy huis uit 'n hoë boom geval en my arm gebreek het - sy ma het my hospitaal toe gevat. Ek het saam gehuil toe sy pa oorlede is en was saam hartseer toe sy stiefpa, Oom Herman Kapp, waarvoor hy baie lief was, dood is. Hy was ook op my pa se begrafnis.

So, deur die jare het ons baie lief en leed gedeel. Soms het ons mekaar vir 'n paar jare nie gesien nie, maar wanneer ons daarna weer naby genoeg aan mekaar gebly het, het ons vriendskap gewoon net aangegaan waar ons laas opgehou het. Vandag nog bel ons mekaar gereeld en sien mekaar soms by BJV geleenthede.

Ek en Piet het baie belangstellings gedeel - maar ons het een gesamentlike passie gehad en dit was jag en om in die bos te wees. Ons het dikwels by mekaar gekuier en dan was ons meesal iewers in die bos op hulle plaas in Agatha, of op my pa s'n op Doornhoek. Hierdie storie gaan oor een van ons jagtogte.

Ons was nog op laerskool, ek kan nie mooi onthou in watter standerd nie, toe ons vir ons elkeen 'n boog gemaak het om mee te gaan jag. Ons het pyle van riet gemaak en vooraan skerp ysterpunte, gemaak van spykers wat ons platgeslaan en skerp gemaak het. Net reg om tarentale mee te jag!

Ons was vasbeslote - ons gaan 'n tarentaal skiet en ons gaan dit in die bos braai! Ons het vuurhoutjies gevat en van ons huis af afgeloop na die vlei toe. Dit was nie nodig om my hond *Rimpels* te roep nie, hy het vir my en Piet altyd soos 'n skaduwee gevolg.

My jaggebied tydens my skooljare, was drie aangrensende gedeeltes van die plaas *Doornhoek*: my pa se grond, my oom Niek van Schalkwyk se grond waar ek toestemming gehad het om tarentale te jag, en dan oom Fred Osmers se grond, waar ek en my neef Vic altyd saam gejag het. Van Vic hulle se grond af het 'n breë vlei geloop tot op ons grond - ideale tarentaal habitat! Op die grens van hierdie plase was 'n dam, wat ons die Rooidam genoem het - as gevolg van die rooi grond wat jy in die bodem kon sien as die dam leeg was.

Ons het heen en weer deur die vlei geloop en geluister waar ons tarentale kon hoor. Dan het ons die plek bekruip. Maar ons het gou agtergekom: om 'n tarentaal te bekruip tot op 'n afstand waar jy dit met 'n geweer kon skiet, is een ding. Maar om naby genoeg te kom om die tarentaal met 'n boog te skiet, is heeltemal 'n ander storie! Ons het keer op keer gekom tot redelik naby, maar nie naby genoeg om 'n raak skoot te skiet met ons primitiewe boë nie. Ons het 'n keer of twee probeer skiet, maar gou gesien die tarentale vlieg op lank voordat die pyl by hulle kom.

So het ons gejag totdat ons naderhand by die onderpunt van die vlei gekom het, onderkant die plaaswerkers se statte. Soos gewoonlik aan die einde van elke maand op 'n Saterdagmiddag (tot dwarsdeur die nag) was dit 'n vreeslike lawaai soos hulle makietie gehou het. Ons kon van ver af hoor dat die potte vol bier is, want die gesing, gelag en geskreeu kon maar net uit 'n bierpot kom! Daar was oorverdowende drom-musiek. Naby ons het hulle hoenders gewei.

"Sien jy wat ek sien?" het Piet saggies gevra, asof hy bang was hulle kon ons deur die helse rumoer hoor.

"Hoe gaan ons die hoender wegkry sonder dat hulle ons sien?," vra ek toe - ek het mos geweet wat in sy kop aangaan.

"Ons sal 'n plan maak, bly jy hier en fluit as iemand aankom," was Piet se antwoord en hy het nader geloop aan die hoenders wat houtgerus in die vlei rond geskrop het.

Kort-kort kon ek Piet sien mik met die boog, dan weer los en weer mik, maar hy het nie geskiet nie. Maar toe gebeur daar iets, ek kon nie mooi sien wat nie, want Piet het vir 'n hele ruk in die vleigras gehurk en so op sy knieë daar rondbeweeg. Toe hy naderhand terugbeweeg in my rigting, kon ek sien dat Piet iets allervreesliks kruppel loop. Het hy sy been seergemaak? Ek wou nadergaan maar hy beduie my om op die voetpaadjie langs die vlei aan te loop in die rigting van die Rooidam terwyl hy in die vlei tussen die biesies kruppel-kruppel aansukkel.

Toe ons by die Rooidam se uitloop bymekaar uitkom, wou ek hom dadelik vra wat sy been makeer, maar dit was nie nodig nie, want ek kon dadelik sien wat die probleem was - wat 'n briljante plan! Aan sy skoenveter was 'n dooie hoender vasgemaak!

"Het jy dit met die boog geskiet?" vra ek vir Piet.

"Nee, ek kon nie 'n skoot inkry nie. Toe Rimpels agterkom ek is besig om te jag, skraap hy die hoender en vang dit. Toe het ek dit van naby met 'n pyl doodgeskiet."

"Ai, my bielie van 'n jaghond!" Ek het vir Rimpels gegryp en hom styf teen my vasgedruk, terwyl ek hom heeltyd prys omdat hy so 'n goeie jaghond is. Hy was skoon uit sy vel uit van al die aandag.

Ons het 'n hele ent weg van die statte af geloop, en in 'n oop kol in die land 'n plek skoongemaak waar ons 'n vuurtjie aangepak het. Terwyl die vuurtjie brand, het ons die vere uitgetrek en die hoender geslag. Piet het 'n Joseph Rodgers knipmes gehad, daardie dae was dit die Mercedes van knipmesse - jy het status gehad as jy so 'n mes gehad het!

Dan sê Piet skielik: "Weet jy wat, ons het vergeet om sout te bring!" Ag nee, hoe gaan hierdie hoender smaak sonder sout? Ons het nie lus gehad om al die pad huis toe te loop om te gaan sout haal en weer terug te kom nie.

"Kan ons nie by die statte gaan sout vra nie?" vra Piet toe. Ons het dit 'n rukkie oorweeg en toe besluit om dit nie te doen nie. Sê nou net iemand het ons dalk gesien? Bowendien was almal reeds dronk en miskien was dit gevaarlik. Die arrogansie van so 'n aksie het natuurlik nooit eers by ons opgekom nie!

"Wag," sê ek toe, "hier naby is daar 'n suurlemoenboom, ek sal vir ons gaan pluk, dan gebruik ons suurlemoensap in die plek van sout."

Toe ek terugkom met die suurlemoene, was Piet al besig om die hoender op 'n stok, wat hy met sy knipmes gaan sny het, te braai. Toe dit gaar lyk, het ons elkeen vir ons 'n stuk afgebreek om te eet. Rimpels het die spreekwoordelike leeueaandeel van die hoender gekry - hy was immers die jagter.

Waar sou jy twee gelukkiger jagters en 'n hond in die wye wêreld kon kry?

Ons het baie geleer tydens ons jagtog. Eerstens dat ons boë seker nie die regte toerusting was om tarentale mee te jag nie - ons het nooit weer met 'n boog probeer jag nie. Tweedens dat Rimpels waarskynlik 'n baie meer effektiewe jagter was as ons. En dan die belangrikste les - dat suurlemoensap geheel en al nie 'n goeie plaasvervanger vir sout is nie!